Von Crostini bis Toast Hawaii

AUTORIN: MARTINA KITTLER | FOTOS: JÖRN RYNIO

Praxistipps

Extra

Rezepte

Brot-Snacks aus aller Welt

Internationale Brot(mahl)zeiten

Das gute alte Wurstbrot, die Pausenstulle kennt jeder, abwechslungsreich belegte Brote dagegen liegen derzeit voll im Trend: Tramezzini, Bagels, Sandwiches, Crostini, Bruschetta und gefüllte Pita-Brottaschen heißen nur einige der Snacks, die weltweit in aller Munde sind. Rund um den Globus gibt es mittlerweile eine Brot-Snack-Kultur. Hier ein Überblick der bekanntesten Vertreter:

Bagels Ringförmige Kultbrötchen aus Hefeteig. Frühstücks- und Brunch-Hit in der New Yorker Business-Szene. Sie werden süß oder herzhaft belegt.
Bruschetta Geröstete Scheibe Weiß- oder Graubrot. Nach italienischer Art mit Knoblauch eingerieben, mit Olivenöl beträufelt und schlicht belegt, z. B. mit Tomaten und Basilikum.
Burger Imbiss aus einem Soft-Brötchen mit verschiedenen Belägen und meistens mit einer gebratenen Scheibe aus Rinderhackfleisch. Gibt es in vielen Varianten, z. B. Cheese-, Chicken-, Chili-, Kräuter-, Fisch- und Veggie-Burger.
Kanapees Kleine Brotscheiben, vielseitig belegt und hübsch dekoriert. Edles Fingerfood für die Cocktailparty.
Croque Lautmalerisch der »Kracher« – ein schneller Imbiss und französische Sandwich-Variante.
Crostini Italienisch »Krüstchen« – die geröstete Weißbrotscheibchen werden noch heiß mit einer würzigen Paste bestrichen oder belegt.
Hotdog Heißes Frankfurter Würstchen in einem aufgeschnittenen Brötchen, oft kombiniert mit Sauerkraut, Zwiebeln, Ketchup und Mayonnaise.
Panini Mit Wurst oder Schinken belegte Brötchen, wie man sie in der italienischen Bar bekommt.
Sandwich Englische Form des deutschen Butterbrots. Zwei Scheiben Brot, meist Weiß- oder Schwarzbrot, die belegt und aufeinander geklappt werden – mit Schinken, Salami, Braten, Geflügel, Fisch, Käse, Eiern oder Gemüse und Salat.
Smörrebröd Üppig belegtes und kunstvoll angerichtetes »Butterbrot« nach skandinavischer Art. Fisch-Varianten sind ein Muss, auch lecker mit Schinken, Tatar, Eiern und Käse.
Tramezzini Weiche Sandwiches auf Italienisch, meist zu Dreiecken geschnitten. 2 Scheiben Toastbrot, dazwischen eine saftige Füllung.

Lunchpaket für die Pause

Ob auf dem Schulhof, am Schreibtisch, im Auto oder auf der Hütte beim Wandern – wer viel arbeitet, hat sich seine Pause wohlverdient und genießt sie am besten mit einem selbst zubereiteten Sandwich. Dann weiß man, was drin ist und dass es auch gut schmeckt. Zum Mitnehmen den Snack fest in Pergamentpapier oder Klarsichtfolie einwickeln und in eine stabile Proviantbox aus Kunststoff oder Aluminium packen. So lässt sich das »Pausenbrot« in der Tasche oder im Rucksack transportieren, ohne dass etwas verrutscht oder zerdrückt. Außerdem bleibt es lange frisch. Wer einen Kühlschrank an seinem Arbeitsplatz hat, bewahrt es dort bis zur Mittagspause auf.

Brotzeit-Utensilien

Sandwichtoaster Ein kompaktes 4-Scheiben-Elektrogerät, mit dem man in Minutenschnelle zwei leckere Sandwiches zubereiten kann. Die antihaftbeschichteten Backplatten und ein Verriegelungssystem »verschweißen« die Toastscheiben, sodass die Füllung nicht herauslaufen kann. Bei manchen Herstellern werden die Sandwiches vorher diagonal in Dreiecke geschnitten. Ausgestattet mit einem automatischen Temperaturregler und Kontrollleuchte gelingen sie kross und heiß, ohne dass sie verbrennen. Durch die pflegeleichte Beschichtung lassen sich die Toasts auch ohne vorheriges Einölen leicht herauslösen. Praktisch und platzsparend: Sandwichmaker mit drei auswechselbaren Platten für getoastete Sandwiches, Grillsnacks und Waffeln.

Schneidebrett Das Brot wird auf einem Holzrost geschnitten, die Krümel fallen in eine Auffangschale aus Keramik, Edelstahl oder Holz. Es erspart das Einsammeln der Brösel und ist eine saubere Sache!

Brotmesser Egal, ob hartes oder weiches Brot – die lange, kräftige Klinge mit Wellenschliff reißt die frische knusprige Kruste des Brotes an und schneidet es in saubere, gleichmäßige Scheiben. Beim Schneiden mit einem herkömmlichen Messer würde das Brot unschön zerfransen. Mit seiner scharf gezahnten kurzen Klinge und mit abgerundeter Spitze schneidet das **Brötchenmesser** Brötchen einfacher und sicherer auf als ein klassisches Messer. Der breite Griff liegt gut in der Hand.

Elektrischer Toaster Ein unverzichtbarer Klassiker, mit dem man Toast- und Brotscheiben bis zu 3 cm Dicke rösten kann. Größere Scheiben vorher halbieren, damit sie in die Röstschlitze passen. Praktisch ist ein Gitteraufsatz, wenn Sie Brötchen oder Brotstangen knusprig aufbacken möchten: Das Gebäck einfach darauflegen und rösten. In manchen Toastern lässt sich mit Hilfe einer Zusatzfunktion auch tiefgekühltes Brot leicht toasten.

Brottopf aus Steingut, mit passendem Deckel. Luftlöcher sorgen für eine gute Belüftung, sodass das Brot nicht austrocknet und lange frisch bleibt – die Lösung für die kurzfristige Aufbewahrung!

Kleine Brotauswahl: von Baguette bis Vollkornbrot

Davon kann sich jeder eine Scheibe abschneiden: Aus dem großen Angebot habe ich die gängigsten Brotsorten herausgepickt und stelle sie hier vor.

Baguette ist ursprünglich ein französisches, 50–100 cm langes Weißbrot. Außen kross und goldbraun, innen weich und großporig – dank der langen Teigverarbeitung – und mit sehr mildem Geschmack. Hält sich nur einen Tag frisch. Es ist der Klassiker zu Rotwein und Käse und ist auch als Sandwich mit Salat, Schinken und Käse ein Renner.

Ciabatta Beliebtes italienisches Weizenbrot mit Hefe, das durch einen Hauch Olivenöl aromatisch schmeckt. Charakteristisch sind seine weiche Krume mit unregelmäßigen Poren und eine dünne, feste Kruste. Eignet sich kurz geröstet zum Zubereiten von Bruschetta und Crostini oder für Sandwiches.

Fladenbrot ist eine orientalische Spezialität. Ein flaches, rundes Brot, das meist aus Weizenmehl und Hefe gebacken und mit Sesamsamen und Schwarzkümmel bestreut wird. Es hat eine weiche Krume und einen milden Geschmack. Man genießt den Fladen als Pita (Griechenland), Pitta (Vorderer Orient) oder Pide (Türkei). Er wird oft gefüllt als Snack gereicht oder nur als Begleiter zu Gerichten.

Mischbrot wird aus Weizen- und Roggenmehl hergestellt. Bei einem Anteil von 50–90 % Weizenmehl spricht man von Weizenmischbrot, bei entsprechendem Roggenmehlanteil von Roggenmischbrot. Je mehr Weizen, desto milder und neutraler schmeckt das Brot. Weizenmischbrot hat eine zarte Kruste. Der Roggenanteil sorgt für ein kräftiges Aroma und eine weiche, dunkle Krume. Es schmeckt lecker mit würzigem Belag wie Wurst und Käse.

Pumpernickel Das westfälische Vollkornbrot besteht aus mindestens 90 % Roggenvollkornschrot, Sauerteig und Hefe. Es wird lange bei mäßiger Hitze in Dämpfkästen gebacken. Dadurch bildet sich keine Kruste, aber die typische schwarzbraune Farbe und der süßliche Geschmack. Es ist vier Wochen haltbar. Passt zu Wurst, Schinken, Fisch und Käse.

Roggenbrot – wird aus mindestens 90 % Roggenmehl, oft mit Sauerteig gebacken. Es hat einen aromatisch kräftigen und leicht säuerlichen Geschmack. Je dunkler die Krume, umso höher der Nährstoffanteil. Es ist gut haltbar, passt zu würzigen Belägen.

Spezialbrote wie Drei- oder Sechskornbrote werden aus mehreren Getreidesorten gebacken, z. B. Hafer, Gerste und Mais. Oder sie enthalten Zutaten wie Nüsse und Samen, z. B. Sonnenblumen-, Kürbiskern-, Walnussbrote. Auch Möhren, Kartoffeln und Zwiebeln gehören zur Palette der Beigaben.

Toastbrot ist ein eiweißreiches Kastenweißbrot mit weicher, dünner Kruste und feinporiger Krume. Toast hat etwas kleinere Scheiben als der amerikanische Sandwich-Toast. Toastbrot entfaltet seinen Duft und goldbraune Farbe erst nach dem Rösten. Es schmeckt mit süßem oder herzhaftem Belag.

Vollkornbrot wird zu mindestens 90 % aus Vollkornschroten oder -mehlen gebacken, die alle Bestandteile des Getreidekorns enthalten. Dank der vielen Vitamine, Ballast- und Mineralstoffe ist es sehr gesund. Es passt zu würzigen Belägen.

Baguette

Ciabatta

Fladenbrot

Mischbrot

Pumpernickel

Roggenbrot

Spezialbrote

Toastbrot

Vollkornbrot

Weißbrotteig

Wie wird ein französisches Baguette oder ein italienisches Ciabatta so locker? Türkisches Fladenbrot oder amerikanische Bagels so leicht? Ich verrate es ihnen hier!

500 g Weizenmehl (Type 405)
2 TL Salz | ⅛ l Milch
½ Würfel frische Hefe (ca. 20 g)
Mehl zum Bestäuben
Backpapier für das Backblech

Für 1 Brot
20 Min. Zubereitung | 75 Min. Ruhen

1 Mehl und Salz in einer Schüssel mischen, in die Mitte eine Mulde drücken. Milch erwärmen. Hefe in die Vertiefung bröckeln, mit 6 EL lauwarmer Milch (Bild 1) und etwas Mehl vom Rand verrühren.

2 Den Vorteig zugedeckt an einem warmen Ort 10–15 Min. gehen lassen (z. B. im auf 50° vorgeheizten und wieder ausgeschalteten Backofen), bis er Blasen wirft.

3 Restliche Milch und 150 ml lauwarmes Wasser zum Vorteig gießen. Alles erst kurz mit den Knethaken des Handmixers verrühren, bis er sich vom Schüsselrand löst. Den Teig auf einer bemehlten Arbeitsfläche mit den Händen kräftig durchkneten, bis er glatt und geschmeidig ist.

4 Den Teig in eine Schüssel legen (Bild 2) und zugedeckt an einem warmen Ort 40 Min. gehen lassen, bis er das doppelte Volumen erreicht hat. Den Teig noch mal kurz kneten und zum gewünschten Laib, z. B. Baguette, Bagels (Seite 9), formen (Bild 3). Auf ein mit Backpapier belegtes Blech legen, weitere 20 Min. gehen lassen.

GUT ZU WISSEN

Die im Rezept angegebene Wassermenge ist nur ein Richtwert. Ob Sie etwas mehr oder weniger brauchen, hängt von der Art des Mehls, der Raumtemperatur und Luftfeuchtigkeit ab. Das Wasser also nicht auf einmal dazugießen, sondern nach und nach. Im Zweifelsfall sollte der Teig eher zu weich als zu fest sein.

Weißbrot international

Ob länglicher und flacher Laib, Fladen, Stange oder Kringel – um Weißbrot selbst zu backen, bedarf es keiner großen Backkunst. Was Sie aber brauchen, sind Zeit und Muße.

Kastenweißbrot Für 1 Laib den Teig nach dem Grundrezept (Seite 8) zubereiten und gehen lassen. Gut durchkneten und zu einer dicken Rolle formen. In eine gefettete Kastenform (30 cm lang) legen, zugedeckt noch mal 20 Min. gehen lassen. Den Backofen auf 200° (Umluft 180°) vorheizen. Das Brot im Ofen (Mitte) in 30 Min. goldbraun backen. Etwas abgekühlt aus der Form lösen, auf einem Kuchengitter auskühlen lassen.

Ciabatta Für 1 Laib mit dem Wasser noch 2 EL Olivenöl in den Teig (Rezept Seite 8) einarbeiten. Gehen lassen, noch mal durchkneten und zu einem länglichen, eher flachen Laib formen. Auf ein mit Backpapier belegtes Backblech legen, zugedeckt 20 Min. gehen lassen. Backofen auf 200° (Umluft 180°) vorheizen. Ciabatta im Ofen (Mitte) 40 Min. backen. Auf einem Kuchengitter auskühlen lassen.

Sesam-Fladenbrot Für 2 Fladen den Teig nach dem Grundrezept (Seite 8) zubereiten, dabei mit dem Wasser noch 50 g geschmolzene, abgekühlte Butter und 2 EL Olivenöl unterkneten. Teig 40 Min. gehen lassen, durchkneten und halbieren. Auf einer bemehlten Fläche zu 2 dicken, runden Fladen ausrollen. Auf ein mit Backpapier belegtes Blech legen und 15 Min. gehen lassen. Backofen auf 220° (Umluft 200°) vorheizen. Mit den Fingerspitzen ein Rautenmuster eindrücken. 1 Eigelb mit 1 EL Wasser verquirlen. Fladen damit einpinseln, mit 2 EL Sesamsamen bestreuen und im Backofen (Mitte) 15 Min. backen.

Baguette Für 2 Stangen den Teig nach dem Grundrezept (Seite 8) mit Weizenmehl (Type 550) zubereiten, zugedeckt über Nacht bei Zimmertemperatur ruhen lassen. Am nächsten Tag den Teig auf einer bemehlten Fläche noch mal durchkneten, in 2 Teile teilen und jedes Stück zu einer langen Rolle formen. Die Stangen auf einem mit Backpapier belegten Blech zugedeckt 30 Min. ruhen lassen. Backofen auf 220° (Umluft 200°) vorheizen. Eine Tasse mit heißem Wasser hineinstellen. Baguettes je 6-mal schräg einschneiden, im Backofen (Mitte) in 30 Min. goldbraun backen.

Bagels Für 10 Stücke den Teig nach dem Grundrezept (Seite 8) mit Weizenmehl (Type 550) zubereiten, dabei noch 2 TL Zucker, 50 ml Öl und 1 Ei unter den Teig kneten. Zugedeckt 30 Min. gehen lassen, auf einer bemehlten Arbeitsfläche durchkneten. Zugedeckt weitere 30 Min. gehen lassen. Den Teig in 10 gleich große Stücke teilen, jeweils zu einer Kugel formen und mit einem Kochlöffelstiel in die Mitte ein Loch eindrücken. Zugedeckt 15 Min. gehen lassen. Backofen auf 200° (Umluft 180°) vorheizen, eine Schale mit heißem Wasser hineinstellen. Die Kringel portionsweise in kochendem Salzwasser 1 Min. garen, herausheben und auf zwei mit Backpapier belegte Backbleche legen. Mit Sesamsamen, Mohnsamen oder Sonnenblumenkernen bestreuen. Im Backofen (2. Schiene von unten) 30 Min. backen.

Kräftig belegt

Für die cremigen Aufstriche und feinen Toppings in diesem Kapitel lasse ich mir gerne die Butter vom Brot nehmen! Hier ein prima Snack, der auch beim Brunch gut ankommt. Er ist schnell zubereitet, gesund und schmeckt klasse in der Kombination von cremigem Avocadomus mit Koriandergrün und würzigem Bündner Fleisch auf Bauernbrot.

Avocadobrot mit Bündner Fleisch

1 reife Avocado
2 EL frisch gepresster Limetten- oder Zitronensaft
100 g Schmand (ersatzweise Crème fraîche)
1 Schalotte
2 TL geschnittene Jalapeño-Chilischoten (aus dem Glas)
8 Zweige Koriandergrün (ersatzweise Petersilie)
Salz | Pfeffer
4 Scheiben Bauernbrot | 4 kleine Tomaten
30 g Bündner Fleisch (in Scheiben)

Für 4 Personen | 25 Min. Zubereitung
Pro Portion ca. 305 kcal, 7 g EW, 21 g F, 24 g KH

1 Avocado halbieren, den Stein entfernen und das Fruchtfleisch aus der Schale lösen. Mit 1 EL Limetten- oder Zitronensaft beträufeln und mit einer Gabel zerdrücken. Schmand untermischen.

2 Schalotte schälen, mit Chilischoten fein würfeln. Koriandergrün waschen und trocknen, Blättchen abzupfen und bis auf ein paar zum Garnieren fein hacken. Schalotte, Chilis und gehacktes Koriandergrün unter das Avocadomus mischen. Salzen, pfeffern. Übrigen Limetten- oder Zitronensaft zugeben.

3 Die Brote mit der Avocadocreme bestreichen. Tomaten waschen, quer in Scheiben schneiden und mit dem Bündner Fleisch auf den Broten verteilen. Mit den Korianderblättchen garnieren.

GUT ZU WISSEN

Jalapeño-Chilis sind glänzende, grüne Chilischoten aus Mexiko. Sie schmecken sehr scharf und werden bei uns meist sauer eingelegt in Dose oder Glas angeboten, hin und wieder auch frisch. Ersatzweise 2 kleine, frische grüne Chilischoten verwenden.

herzhafter Snack | gästefein

Pumpernickel mit Matjestatar

Norddeutsche Spezialität – fix klein gewürfelt und auf feine Art serviert. Gurken und Apfel dürfen dabei nicht fehlen, damit die Brote besonders erfrischend schmecken.

2 Matjesfilets (ca. 125 g)
2 Cornichons
½ kleiner Apfel
1 EL frisch gepresster Zitronensaft
1 Frühlingszwiebel
1½ EL Salatmayonnaise (aus dem Glas)
Salz | Pfeffer
1 Stück Gurke (ca. 150 g)
4 Scheiben Pumpernickel (à 60 g)
4 TL Butter
1 Kästchen Kresse

Für 4 Personen | 20 Min. Zubereitung
Pro Portion ca. 310 kcal, 10 g EW, 19 g F, 26 g KH

1 Die Matjesfilets und Cornichons fein würfeln. Den Apfel schälen, entkernen und ebenfalls fein würfeln, sofort mit dem Zitronensaft beträufeln. Die Frühlingszwiebel putzen, waschen und in feine Würfel schneiden. Alle Zutaten mit der Mayonnaise mischen, salzen und pfeffern.

2 Gurke waschen und so schälen, dass einige Streifen von der Schale stehen bleiben. Gurke in dünne Scheiben schneiden. Pumpernickel mit Butter bestreichen, mit Gurkenscheiben überlappend belegen. Kresse vom Beet schneiden, auf den Brotscheiben verteilen. Matjestatar obendrauf geben.

UND DAZU?

Ein kühles Pils oder Apfelsaftschorle.

TIPP – FÜR GÄSTE

Das Matjestatar auf kleine Kopfsalat- oder auf Chicoréeblätter verteilen und anrichten. Den Pumpernickel in Dreiecke schneiden und dazureichen.

VARIANTE – RÄUCHERFORELLEN-BROT

Für 4 Personen 125 g geräucherte Forellenfilets (ohne Haut) in Streifen schneiden. 4 Stängel Dill waschen, trocknen und fein hacken. 1 große Tomate waschen, halbieren, entkernen und das Fruchtfleisch in kleine Würfel schneiden. 1 Bio-Zitrone waschen, 1 Stück Schale abschneiden und fein hacken. Alles vorsichtig mischen. 4 EL Frischkäse mit 1 EL saurer Sahne und 2 TL geriebenem Meerrettich (aus dem Glas) cremig rühren, salzen und pfeffern. Auf 4 große Scheiben Vollkornbrot streichen. Die Forellenmischung darauf verteilen und mit dem Dill garnieren.

VARIANTE – TOAST MIT ASIA-THUNFISCHTATAR

150 g weißen Rettich schälen und in dünne Scheiben hobeln. Mit Salz bestreuen, ziehen lassen. 1 Schalotte schälen, 1 kleine rote Chilischote waschen, putzen und beides fein würfeln. 125 g ganz frisches Thunfischfilet klein würfeln. Schalotte, Chili und Thunfisch mit 1 EL Limettensaft und 2 TL Sojasauce sowie 1 Msp. Sambal oelek und 3 Stängeln gehacktem Koriandergrün mischen. 4 Scheiben Sandwichbrot toasten. 2 EL Crème fraîche mit 2 TL Mangochutney (Fertigprodukt) mischen, die Mischung auf die Brote streichen. Mit Rettich belegen und das Thunfischtatar obendrauf geben.

vegetarisch | frühlingsfrisch

Bärlauchcreme-Brötchen

1 Bund Radieschen | 4–5 Blätter Bärlauch (oder ½ Bund Schnittlauch) | 150 g Ricotta | 100 g Hüttenkäse | 1 EL Olivenöl | Salz | Pfeffer | 1–2 TL frisch gepresster Zitronensaft | 4 Roggen-Vollkornbrötchen

Für 4 Personen | 20 Min. Zubereitung
Pro Portion ca. 220 kcal, 9 g EW, 12 g F, 24 g KH

1 Radieschen waschen und putzen. Ein Drittel klein würfeln, zwei Drittel in feine Scheibchen schneiden. Bärlauch waschen und trocknen, dicke Stiele entfernen, die Blätter fein hacken. Etwas zum Garnieren beiseite legen.

2 Ricotta, Hüttenkäse und Öl verrühren. Bärlauch und Radieschenwürfel untermischen. Mit Salz, Pfeffer und Zitronensaft würzen. Brötchen aufschneiden, den Aufstrich daraufstreichen. Mit Radieschenscheiben belegen. Mit übrigem Bärlauch garnieren.

fruchtig-scharf

Brot mit Curry-Aufstrich

150 g getrocknete Aprikosen | 100 g gemischte Sprossen (z. B. Asia-Mischung oder Alfalfa, Rettich, Linsen) | 1 kleine Möhre | 150 g Frischkäse | 1 EL Currypulver | Salz | Pfeffer | 4 Scheiben Mischbrot

Für 4 Personen | 30 Min. Zubereitung
Pro Portion ca. 220 kcal, 10 g EW, 2 g F, 38 g KH

1 Aprikosen fein würfeln und 15 Min. in warmem Wasser einweichen. Inzwischen die Sprossen in einem Sieb abbrausen und gut abtropfen lassen. Die Möhre putzen, schälen und grob raspeln oder in feine Streifen schneiden.

2 Die Aprikosen abgießen und abtropfen lassen. Zwei Drittel davon mit dem Frischkäse verrühren und pürieren. Die übrigen Aprikosenwürfel und den Curry untermischen. Mit Salz und Pfeffer würzen.

3 Brote nach Belieben rösten, mit Aufstrich bestreichen. Mit Sprossen und Möhren bestreuen.

griechisch inspiriert

Weißbrot mit Fetacreme

2 reife Tomaten | 100 g Feta | 150 g Speisequark (20 % Fett i. Tr.) | 1 TL frisch gepresster Zitronensaft | 2 TL Olivenöl | 1 TL getrockneter Oregano | Salz | Pfeffer | ½ Bund Dill | 4 Scheiben Weißbrot

Für 4 Personen | 20 Min. Zubereitung
Pro Portion ca. 230 kcal, 13 g EW, 9 g F, 26 g KH

1 Tomaten waschen, halbieren, entkernen und fein würfeln. Feta mit einer Gabel zerdrücken, mit dem Quark vermischen. Mit Zitronensaft, Öl, Oregano, Salz und Pfeffer würzen. Dill waschen und trocknen, ein paar Stängel beiseite legen. Die Blättchen fein hacken. Von den Tomatenwürfeln 1 EL abnehmen, den Rest mit dem gehackten Dill unter die Feta-Quark-Masse heben.

2 Weißbrot mit dem Aufstrich bestreichen. Mit den übrigen Tomatenwürfeln und Dill garnieren.

AROMA-TIPP

Wer mag, kann 1 zerdrückte Knoblauchzehe unterheben.

echt bayerisch

Laugenstangen mit Käse

125 g reifer Camembert | 50 g weiche Butter | 150 g Magerquark | 1 Schalotte | ½ Bund Schnittlauch | Salz | Pfeffer | 4 Laugenstangen | edelsüßes Paprikapulver

Für 4 Personen | 20 Min. Zubereitung
Pro Portion ca. 350 kcal, 16 g EW, 18 g F, 29 g KH

1 Camembert entrinden und klein würfeln. Camembert und Butter mit einer Gabel zerdrücken. Den Quark untermischen. Schalotte schälen und fein würfeln. Schnittlauch waschen, trocknen und in Röllchen schneiden. 1 EL abnehmen, den übrigen Schnittlauch und die Schalotten unter die Käsemasse mischen. Mit Salz und Pfeffer würzen.

2 Die Laugenstangen aufschneiden, Creme daraufstreichen. Eventuell mit Paprikapulver bestäuben und mit dem übrigen Schnittlauch bestreuen.

WÜRZ-TIPP

Zusätzlich noch 1 TL Kümmel untermischen.

ganz einfach | Powerpäckchen

Vollkornbrötchen mit Kräuterrühreiern

Auf feine Art und ganz schnell gemacht: mit Remoulade, Schnittlauch, Petersilie, Salat und Rührei ein leichter Leckerbissen, der sowohl kalt als auch warm schmeckt.

1 Bund Schnittlauch
1 Bund Petersilie
4 Kirschtomaten
4–6 Blätter Kopfsalat
4 große Vollkornbrötchen
8 TL Remoulade (Fertigprodukt)
8 Eier (Größe M)
4 EL Sahne
Salz | Pfeffer
2 EL Butter

Für 4 Personen | 20 Min. Zubereitung
Pro Portion ca. 430 kcal, 18 g EW, 29 g F, 25 g KH

1 Die Kräuter waschen und trocknen. Den Schnittlauch in Röllchen schneiden, Petersilienblättchen abzupfen und fein hacken. Tomaten waschen und vierteln. Salat waschen und putzen. Die Brötchen aufschneiden und die Schnittflächen mit je 1 TL Remoulade bestreichen. Salatblätter darauflegen.

2 Die Eier mit der Sahne verquirlen, mit Salz und Pfeffer würzen. Zwei Drittel der Kräuter untermischen. Die Butter in einer beschichteten Pfanne zerlassen. Eiermasse hineingießen und bei mittlerer Hitze stocken lassen, dabei die Masse mit einem Pfannenwender von außen nach innen zusammenschieben.

3 Die Rühreier auf den Brötchenhälften verteilen, mit Tomatenviertel belegen. Die übrigen Kräuter darüberstreuen.

VARIANTEN

Rühreibrötchen mit 120 g Krabbenfleisch oder Tiefseegarnelen statt mit Tomaten belegen.

VARIANTE – CHORIZO-RÜHREI-BAGUETTE

Für 4 Personen ½ großes Baguette längs aufschneiden und jede Hälfte mit je 2 TL Kräuterbutter bestreichen. 1 rote Paprikaschote halbieren, putzen, waschen und in feine Würfel schneiden. 150 g Chorizo (spanische Paprikawurst) in kleine Würfel schneiden. 2 EL Olivenöl in einer beschichteten Pfanne erhitzen, die Paprikawürfel darin 2–3 Min. unter Rühren anbraten. Herausnehmen und beiseite stellen. 6 Eier mit 6 EL Milch, Salz und Pfeffer verquirlen. In die Pfanne gießen und zwei Drittel von der Paprikawurst darauf verteilen. Die Eiermasse langsam stocken lassen. Die Rühreier auf die Baguettehälften setzen, die übrigen Wurst- und Paprikawürfel darauf verteilen.

VARIANTE – BROT MIT LEBERKÄSE UND SPIEGELEI

Für 4 Personen 4 Scheiben Bauernbrot mit je 1 TL Butter und ½ TL Senf bestreichen. 2 EL Öl erhitzen und 4 Scheiben Leberkäse (je ca. 100 g) darin 2–3 Min. von jeder Seite braten. Je 1 Leberkäsescheibe auf einer Brotscheibe anrichten, mit je 1 Scheibe Butterkäse belegen. Im Bratöl von dem Leberkäse 4 Spiegeleier braten, salzen und pfeffern und auf den Käse legen. Mit 2 EL Schnittlauchröllchen bestreuen.

schnell | mediterran

Tomaten-Mozzarella-Brot

4 Tomaten | 250 g Mozzarella | ½ Bund Basilikum | 200 g Ricotta | 1 EL Sahne oder Milch | 2 TL Pesto (aus dem Glas) | 4 Scheiben Mischbrot | Salz | schwarzer Pfeffer aus der Mühle | 4 EL Olivenöl

Für 4 Personen | 15 Min. Zubereitung
Pro Portion ca. 460 kcal, 21 g EW, 32 g F, 22 g KH

1 Die Tomaten waschen und von den Stielansätzen befreien. Den Mozzarella abtropfen lassen. Tomaten und Mozzarella in dünne Scheiben schneiden. Basilikumblätter abzupfen, abreiben und die Hälfte in feine Streifen schneiden. Ricotta mit Sahne oder Milch und Pesto verrühren.

2 Die Brote halbieren und mit dem Ricotta bestreichen, Basilikumstreifen daraufstreuen. Abwechselnd mit Tomaten- und Mozzarellascheiben überlappend belegen. Salzen und mit Pfeffer übermahlen. Mit dem Olivenöl beträufeln. Die Brote mit den übrigen Baslikumblättern belegen.

Dänisches Smörrebröd

Toast mit Lachs-Aufstrich

200 g Graved Lachs (ersatzweise geräucherter Lachs) | 1 Gewürzgurke | 2 Frühlingszwiebeln | ½ Bund Dill | 3 EL Crème fraîche | 1 TL Senf | Salz | Pfeffer | 8 Scheiben Toastbrot

Für 4 Personen | 25 Min. Zubereitung
Pro Portion ca. 330 kcal, 14 g EW, 19 g F, 26 g KH

1 Die Hälfte von dem Lachs würfeln. Die Gurke sehr fein hacken. Die Frühlingszwiebeln putzen, waschen und fein würfeln. Dill waschen und trocknen, die Blättchen bis auf ein paar Stängel zum Garnieren hacken.

2 Crème fraîche und Senf verrühren, die Hälfte vom Lachs, Frühlingszwiebeln, Gurke und Dill untermischen. Mit Salz und Pfeffer würzen.

3 Toastbrote rösten und die Lachscreme darauf verteilen, den übrigen Lachs locker darauflegen. Mit übrigem Dill garnieren.

raffiniert | saisonal

Camembert-Feigen-Brot

200 g nicht zu reifer Camembert | 4 frische blaue Feigen | 4–6 Blätter Kopfsalat | 4 Scheiben Roggenbrot | 2 EL Butter | Pfeffer aus der Mühle | 1 EL grob gehackte Walnüsse

Für 4 Personen | 15 Min. Zubereitung
Pro Portion ca. 330 kcal, 15 g EW, 17 g F, 29 g KH

1 Käse in Scheiben schneiden. Feigen waschen, trocken tupfen und längs in Scheiben schneiden. Salat waschen, trocken schütteln und putzen.

2 Die Brote mit der Butter bestreichen und halbieren. Mit den Salatblättern belegen. Feigen und Käse abwechselnd überlappend auf die Salatblätter legen. Mit Pfeffer übermahlen und mit den Nüssen bestreuen.

VARIANTE

Außerhalb der Feigen-Saison 150 g blaue Weintrauben nehmen und halbieren.

herzhaft | italienisch

Artischocken-Salami-Brot

4 eingelegte Artischockenböden (aus der Dose) | 8 getrocknete in Öl eingelegte Tomaten | 4 Zweige Thymian | 200 g Salami-Aufschnitt | Salz | Pfeffer | 4 Scheiben Mischbrot | 2 EL Butter | 2 EL gehobelter Parmesan

Für 4 Personen | 15 Min. Zubereitung
Pro Portion ca. 360 kcal, 15 g EW, 23 g F, 27 g KH

1 Artischocken abtropfen lassen, in feine Scheiben schneiden. Tomaten abtropfen lassen, in Streifen schneiden. Thymian waschen und trocknen, die Blättchen abzupfen. Salami in Streifen schneiden. Alles mischen, etwas salzen und pfeffern.

2 Die Brote mit der Butter bestreichen und halbieren. Die Salami-Mischung darauf verteilen. Mit dem Parmesan bestreuen.

WÜRZ-TIPP

Die Salami-Mischung noch mit 1 zerdrückten Knoblauchzehe würzen.

Saftig gefüllt

Manchmal habe ich mittags keine Lust zu kochen. Ein üppig belegtes, leichtes Sandwich ist dann die Lösung. Saftig gefüllt und gespickt mit vielen Vitalstoffen beugt es dem Mittagstief vor, wie dieser raffinierte Imbiss: kerniges Brot, belegt mit einer Meerrettichcreme, reichlich knackigem Salat, frischen Apfel- und Möhrenraspeln und Kasseler.

Kasseler-Apfel-Brötchen

4 EL Salatmayonnaise (aus dem Glas)
½ TL Honig
1–2 EL geriebener Meerrettich (aus dem Glas)
Salz
1 kleiner Apfel
1 Möhre
1 EL frisch gepresster Zitronensaft
2 Händevoll Feldsalat (ca. 30 g)
4 Vollkornbrötchen (oder Kornspitz)
200 g Kasseler-Aufschnitt
Pfeffer

Für 4 Personen | 30 Min. Zubereitung
Pro Portion ca. 430 kcal, 18 g EW, 21 g F, 44 g KH

1 Die Mayonnaise mit dem Honig, Meerrettich und Salz verrühren.

2 Den Apfel vierteln, schälen, entkernen und grob raspeln. Möhre putzen, schälen und ebenfalls raspeln. Die Rohkost mischen, mit dem Zitronensaft beträufeln. Den Feldsalat waschen, trocken schütteln, putzen und verlesen.

3 Die Brötchen aufschneiden. Beide Seiten mit der Meerrettichcreme bestreichen. Die Unterseite erst mit den Salatblättern, dann mit den Kasselerscheiben belegen. Die Apfel-Möhren-Mischung darauf verteilen, mit Pfeffer würzen. Mit der Oberseite der Brötchen bedecken.

FETTSPAR-TIPP
Statt Salatmayonnaise Salatcreme oder saure Sahne verwenden.

raffiniert | kleiner Luxus-Imbiss

Sandwiches mit Fischsalat

Surimi, Shrimps, Melone und Gurke auf knusprigem Brötchen sind ein wunderbarer Beweis, dass süß und pikant perfekt harmonieren können.

3 EL Magerquark | 2 EL Crème fraîche | 2 TL mittelscharfer Senf | 100 g Surimi | 100 g Krebsfleisch (Kühlregal) | 1 Stück Gurke (ca. 100 g) | 1/4 Galiamelone (ca. 250 g) | Salz | Pfeffer | 2 TL Zitronensaft | 4 Blätter Friséesalat | 4 längliche Brötchen

Für 4 Personen | 25 Min. Zubereitung
Pro Portion ca. 200 kcal, 15 g EW, 4 g F, 26 g KH

1 Den Quark mit Crème fraîche und Senf verrühren. Surimi in kleine Stücke schneiden. Krebsfleisch abgießen, abtropfen lassen und hinzufügen.

2 Gurke schälen, längs halbieren und die Kerne mit einem Löffel herauslösen. Melone entkernen und schälen. Das Fruchtfleisch von Gurke und Melone zur Hälfte würfeln und zum Fisch geben. Alles vorsichtig unter die Quarkcreme mischen. Den Fischsalat mit Salz, Pfeffer und Zitronensaft würzen.

3 Den Salat waschen, trocken schütteln, putzen und mundgerecht zerpflücken. Restliche Gurke und Melone in dünne Scheiben schneiden oder würfeln.

4 Die Brötchen so aufschneiden, dass sie an der Längsseite noch zusammenhalten. Untere Brötchenhälften mit dem Salat belegen, den Fischsalat darauf verteilen. Mit der übrigen Gurke und Melone belegen. Jeweils mit den zweiten Brötchenhälften bedecken.

GUT ZU WISSEN

Surimi ist gepresstes, mageres Fischfilet in der typisch lachsroten Farbe von Meeresfrüchten. Es schmeckt wie das Fleisch von Garnelen, Jacobsmuscheln oder Crabmeat, also Krabbenfleisch.

herzhaft | italienisch

Panini mit Braten

2 EL Mayonnaise (aus dem Glas) | 2 EL saure Sahne | 1 Bund Petersilie | 1 Schalotte | 1 TL Zitronensaft | 1 TL rosenscharfes Paprikapulver | Salz | Pfeffer | 4 Blätter Kopfsalat oder Lollo rosso | 1 Fleischtomate | 4 runde Sandwich-Brötchen | 200 g Schweinebraten-Aufschnitt

Für 4 Personen | 20 Min. Zubereitung
Pro Portion ca. 250 kcal, 10 g EW, 7 g F, 39 g KH

1 Mayonnaise und saure Sahne verrühren. Petersilie waschen, trocknen, fein hacken. Schalotte schälen und würfeln. Beides unter die Creme rühren. Mit Zitronensaft, Paprikapulver, Salz, Pfeffer würzen.

2 Salat waschen, abtrocknen, die Mittelrippen flach schneiden. Tomate waschen und in Scheiben schneiden. Brötchen quer durchschneiden. Die Unterseiten mit je 1 Salatblatt belegen. Erst die Tomatenscheiben und Petersiliencreme, dann den Braten darauf verteilen. Oberseiten daraufklappen. Zum Mitnehmen fest in Klarsichtfolie wickeln.

vitaminreicher Genuss | frühlingsfrisch

Gemüsetatar-Ciabattas

3 Eier | ½ Kohlrabi | 1 Frühlingszwiebel | je ½ rote und gelbe Paprikaschote (oder 1 Paprikaschote einer Farbe) | 8 Basilikumblätter | 200 g Kräuter-Frischkäse | 2 EL Sahne | 1–2 TL Zitronensaft | Salz | Pfeffer | 4 Ciabatta-Brötchen | 1 EL Kürbiskerne

Für 4 Personen | 25 Min. Zubereitung
Pro Portion ca. 340 kcal, 19 g EW, 13 g F, 38 g KH

1 Eier in 12 Min. hart kochen, abschrecken, pellen und in dünne Scheiben schneiden. Kohlrabi schälen, Frühlingszwiebel und Paprikaschoten waschen und putzen. Das Gemüse in kleine Würfel schneiden. Basilikum abreiben und hacken.

2 Frischkäse und Sahne verrühren und mit Zitronensaft, Salz und Pfeffer würzen. Gemüsewürfel und Basilikum unterrühren und noch mal nachwürzen.

3 Brötchen quer halbieren, Unterseiten mit Gemüsetatar bestreichen, mit Eiern belegen. Kürbiskerne hacken, darüberstreuen. Mit Oberseiten bedecken.

Luxus-Snack fürs Büro

Roastbeef-Bagels

Mango und Chilisauce geben diesem Sandwich einen exotischen Charme.

150 g Roastbeef-Aufschnitt
1 feste Mango (ca. 300 g)
1 Beet Kresse
150 g Doppelrahmfrischkäse
2 EL saure Sahne
4 TL scharfe Chilisauce (Fertigprodukt)
Salz | Pfeffer
4 Bagels

Für 4 Personen | 20 Min. Zubereitung
Pro Portion ca. 395 kcal, 18 g EW, 15 g F, 47 g KH

1 Das Roastbeef in Streifen schneiden. Die Mango schälen, das Fruchtfleisch erst in dünnen Scheiben vom Kern, dann in Streifen schneiden. Kresse vom Beet schneiden.

2 Den Frischkäse mit der sauren Sahne und Chilisauce cremig rühren, mit Salz und Pfeffer würzen.

3 Die Bagels aufschneiden und nach Belieben leicht toasten, auf beiden Seiten mit dem Frischkäse bestreichen. Roastbeef und Mango mischen, auf die Bagel-Unterseiten legen. Kresse darauf verteilen. Bagel-Oberseiten darauflegen.

AUSTAUCH-TIPP

An Stelle der Mango können Sie auch 1 gelbe Paprikaschote vierteln, putzen, waschen und in feine Streifen schneiden.

rustikal | geht schnell

Gefüllte Zwiebelstangen

Der üppige Belag aus Rettich, Gurken und Aufschnitt kommt immer gut an.

150 g roter Rettich
Salz
150 g Magerquark
50 g Crème fraîche
je 4 TL süßer und körniger Senf
Pfeffer
4 Gewürzgurken
4 Zwiebel- oder Kümmelstangen
250 g Fleischkäse-Aufschnitt
¼ Bund Schnittlauch

Für 4 Personen | 25 Min. Zubereitung
Pro Portion ca. 530 kcal, 21 g EW, 23 g F, 49 g KH

1 Rettich putzen, schälen und in dünne Scheiben hobeln. Mit Salz bestreuen, 10 Min. ziehen lassen. Inzwischen Quark und Crème fraîche mit dem süßen und körnigen Senf vermischen, salzen und pfeffern. Die Gurken in Scheiben schneiden. Rettichscheiben mit Küchenpapier gut trocken tupfen.

2 Zwiebel- oder Kümmelstangen längs halbieren. Beide Hälften mit Senfcreme bestreichen. Fleischkäse auf die Unterseiten legen. Mit Gurken und Rettich belegen. Schnittlauch waschen und trocknen, die Halme in Längsrichtung auf die Brotstangen legen. Die Oberseite der Stangen darauflegen.

MITNAHME-TIPP

Die Brotstange fest in Folie oder Pergamentpapier wickeln und als Brotzeit mit an den Arbeitsplatz nehmen. Oder als Proviant für den Ausflug einpacken.

oben: Gefüllte Zwiebelstangen | unten: Roastbeef-Bagels

1

2

3

4

5

edler Snack

Tramezzini mit Thunfischcreme

Ob in der Mittagspause oder unter blauem Himmel – die weichen Weißbrot-Sandwiches alla italiana schmecken immer und machen fit für den Rest des Tages.

2 Dosen Thunfisch im eigenen Saft (je 140 g Abtropfgewicht)
150 g Spitzkohl (ersatzweise junger Weißkohl)
Salz | Pfeffer
½ Bund Petersilie
50 g Mascarpone
50 g Mayonnaise (aus dem Glas)
1 EL kleine Kapern
1–2 TL frisch gepresster Zitronensaft
8 Scheiben Sandwichbrot
4 kleine Salatblätter (z. B. Kopfsalat oder Novita)

Für 4 Personen | 25 Min. Zubereitung
Pro Portion ca. 440 kcal, 20 g EW, 26 g F, 31 g KH

1 Thunfisch abtropfen lassen und mit einer Gabel zerpflücken (Bild 1). Spitzkohl waschen, putzen und in sehr feine Streifen schneiden. In kochendem Salzwasser 1 Min. blanchieren, herausnehmen, kalt abschrecken und gut abtropfen lassen. Petersilie waschen und trocknen, die Blättchen fein hacken.

2 Mascarpone und Mayonnaise verrühren. Thunfisch, Spitzkohl, Petersilie, Kapern und Zitronensaft untermischen (Bild 2). Mit Salz und Pfeffer würzen.

3 Die Brote entrinden. Salat waschen, trocknen und die Mittelrippen flach schneiden. 4 Brotscheiben mit je 1 Salatblatt belegen. Thunfischmischung darauf verteilen und verstreichen (Bild 3).

4 Übrige Scheiben daraufsetzen, die Sandwiches mit einem Messer diagonal halbieren (Bild 4).

MITNAHME-TIPP

Je 2 Dreiecksbrote fest in Klarsichtfolie einpacken und 15 Min. pressen, in dem Sie nicht zu schwere Vorratsdosen oder kleine gefüllte Konserven daraufstellen. So werden die Sandwiches kompakter, lassen sich besser transportieren und später essen.

VARIANTE – TOMATEN-SCHINKEN-TRAMEZZINI

Den Fettrand von 150 g rohem geräuchertem Schinken in dünnen Scheiben entfernen, den Schinken fein würfeln. 2 Tomaten waschen, halbieren und entkernen. Fruchtfleisch in kleine Würfel schneiden. ½ Bund Basilikum abreiben, die Blättchen in Streifen schneiden. 100 g Ricotta oder Speisequark (20 % Fett i. Tr.) mit 2 EL Mayonnaise verrühren. Schinken, Tomaten und Basilikum untermischen, mit Salz und Pfeffer würzen. 2 Blätter Romanasalat waschen, trocknen und in Stücke zupfen. 8 Scheiben Sandwichbrote entrinden, wie in Schritt 3 beschrieben mit Salat und Schinkenmischung füllen und diagonal durchschneiden.

VARIANTE – TRAMEZZINI MIT ERBSEN UND EIERN

200 g Doppelrahmfrischkäse und 6 EL Sahne cremig rühren. Mit 2 TL scharfem Senf, 1 TL Zitronensaft, Salz und Pfeffer würzen. 2 hart gekochte Eier pellen und hacken. 150 g TK-Erbsen in Salzwasser 2–3 Min. kochen und abgießen. 1 Frühlingszwiebel waschen, putzen und samt dem Grün fein schneiden. 1 Kästchen Kresse vom Beet schneiden. Alles unter den Frischkäse rühren. 4 Vollkorn-Sandwichbrote entrinden, mit je 1 Blatt Lollo rosso belegen. Eiermischung darauf verteilen, mit 4 entrindeten Sandwichbroten bedecken. Diagonal halbieren.

Amerikanischer Klassiker

Club-Sandwich mit Hähnchen

Abwechslungsreich aufgetürmt: Doppeldecker-Toast mit Salat, Frühstücksspeck und Tomaten. Nicht einfach zu essen, aber Spießchen halten den »Hochstapler« zusammen.

200 g Hähnchenbrustfilet
Salz | Pfeffer
2 EL Öl
4 Blätter Eisbergsalat
2 Tomaten
8 Scheiben Frühstücksspeck (Bacon)
12 Scheiben Sandwichtoast
4 EL Mayonnaise (aus dem Glas)
8 Holzspießchen

Für 4 Personen | 45 Min. Zubereitung
Pro Portion ca. 670 kcal, 32 g EW, 42 g F, 37 g KH

1 Hähnchenbrustfilet trocken tupfen und mit Salz und Pfeffer würzen. Das Öl in einer Pfanne erhitzen und das Filet darin auf jeder Seite 5 Min. anbraten. Herausnehmen und etwas abkühlen lassen.

2 Die Salatblätter waschen, trocken schütteln und in breite Streifen schneiden. Tomaten waschen und ohne Stielansätze in dünne Scheiben schneiden. Speck in der Pfanne bei mittlerer Hitze auslassen und knusprig braten. Hähnchenbrustfilet schräg in dünne Scheiben schneiden.

3 Die Sandwichbrote toasten. 4 Brotscheiben dünn mit Mayonnaise bestreichen und nacheinander mit Hähnchen- und Tomatenscheiben belegen. 4 weitere Brotscheiben mit Mayonnaise bestreichen und darauflegen. Dann nacheinander Salatblätter und Speck darauf verteilen. Die übrigen Brote mit Mayonnaise bestreichen und mit der bestrichenen Seite nach unten bedecken. Sandwiches mit Holzspießchen an den Ecken zusammenstecken, diagonal durchschneiden.

SERVIER-TIPP

Das Club-Sandwich können Sie nach Belieben warm oder kalt servieren.

VARIANTE – CLUB-SANDWICH MIT AVOCADO

½ reife Avocado entsteinen, schälen und in schmale Scheiben schneiden. Sofort mit 1 EL Zitronensaft beträufeln und mit einschichten. Die Mayonnaise mit einigen Spritzern Tabasco schärfen.

VARIANTE – INDONESISCHES CLUB-SANDWICH

Salz, Pfeffer, 1 TL abgeriebene Schale von 1 Bio-Zitrone und 2 TL fein gewürfelten Ingwer mischen. 200 g Putenbrustfilet damit einreiben. 2 EL Öl erhitzen, Fleisch darin rundherum anbraten und bei mittlerer Hitze 10 Min. weiterbraten, dann in dünne Scheibchen schneiden. 12 Sandwichbrote toasten, 4 davon mit 1 EL Erdnussbutter bestreichen. Mit 4 hart gekochten Eierscheiben belegen, darauf 100 g Salatgurken-Scheiben und die Putenfiletscheiben verteilen. 4 weitere Brote mit 1 EL Erdnussbutter bestreichen, daraufsetzen. 4 Blätter Eisbergsalat in Streifen und 2 Tomaten in Scheiben darauf verteilen. Mit 4 TL Röstzwiebeln (Fertigprodukt) bestreuen. Übrige Brote mit 1 EL Erdnussbutter bestreichen, daraufsetzen. Sandwiches mit Spießchen fixieren, diagonal zerteilen. Scharfe Sache: etwas Sambal oelek unter die Erdnussbutter mischen.

Kinderhit | geht schnell

Fischstäbchen-Hotdog

1 Römersalatherz
2 EL Salatmayonnaise (aus dem Glas)
100 g saure Sahne
2 TL scharfer Senf
2 TL frisch gepresster Zitronensaft
1 TL Honig
Salz | Pfeffer
½ Bund Dill
2 EL Öl
12 TK-Fischstäbchen
4 große Baguette-Brötchen
2 EL Röstzwiebeln (Fertigprodukt)

Für 4 Personen | 20 Min. Zubereitung
Pro Portion ca. 470 kcal, 17 g EW, 22 g F, 50 g KH

1 Salat putzen. Mayonnaise mit saurer Sahne, Senf, Zitronensaft, Honig, Salz und Pfeffer verrühren. Dill waschen und trocknen, die Blättchen hacken und unterrühren.

2 Öl erhitzen, Fischstäbchen nach Packungsangabe 6–8 Min. braten. Brötchen längs ein-, aber nicht durchschneiden. Etwas Sauce auf die Schnittflächen streichen, mit Salat, Fischstäbchen und übriger Sauce füllen. Mit Röstzwiebeln bestreuen.

VARIANTE – SÜSSSAURER HOTDOG

1 Stück frischer Ingwer (ca. 2 cm) schälen und fein würfeln. In 1 EL Öl andünsten, 1 Glas chinesisches süßsaures Gemüse (400 g Inhalt) zufügen und 1–2 Min. kochen lassen. Mit 2 TL Essig würzen. 4 Hotdog-Würstchen in heißem Wasser 5 Min. ziehen lassen. 4 Hotdog-Brötchen vorwärmen, längs einschneiden und aufklappen. Gemüse darauf verteilen, mit den Würstchen belegen.

scharfe Snack-Idee

Mexiko-Cheeseburger

100 g Maiskörner (aus der Dose)
400 g Tatar (ersatzweise Rinderhackfleisch)
1 Ei
Salz | Pfeffer
2 TL getrockneter Oregano
2 EL Olivenöl
1 kleine rote Paprikaschote (ca. 130 g)
1 grüne Peperoni
1 kleine weiße Zwiebel
100 g milde oder scharfe Tacosauce (Spezialitätenregal)
4 Blätter Eisbergsalat
4 große Hamburger-Brötchen
4 Scheiben Cheddar Käse (ca. 100 g)

Für 4 Personen | 35 Min. Zubereitung
Pro Portion ca. 625 kcal, 38 g EW, 34 g F, 44 g KH

1 Mais abtropfen lassen. Mit Tatar, Ei, Salz, Pfeffer und Oregano vermischen. Aus der Masse 4 flache Burger formen. Öl erhitzen und die Hamburger darin auf jeder Seite 3–4 Min. braun braten.

2 Inzwischen die Paprikaschote und Peperoni halbieren, putzen, waschen und fein würfeln. Zwiebel schälen und ebenfalls in kleine Würfel schneiden. Paprika- und Peperoniwürfel und Zwiebel mit der Tacosauce verrühren, mit Salz und Pfeffer würzen.

3 Salat waschen und trocken schütteln. Grill vorheizen. Brötchen aufschneiden, toasten oder aufbacken. Die Unterseiten mit je 1 Salatblatt belegen, Hamburger daraufsetzen. Mit Sauce überziehen. Mit Käse belegen. Unter dem Grill 2–3 Min. backen, bis der Käse zerläuft. Die Oberseite daraufsetzen.

oben: Fischstäbchen-Hotdog | unten: Mexiko-Cheeseburger

vegetarisch | aus Vorderasien

Pita mit Blitz-Falafel

1 Dose Kichererbsen (240 g Abtropfgewicht)
2 Frühlingszwiebeln
1 Ei
2–3 EL Semmelbrösel
1 TL gemahlener Kreuzkümmel
Salz | Chilipulver
4 EL Olivenöl
1 Radicchio
1 Bund Radieschen
8 Pita-Brottaschen
200 g Naturjoghurt
2 EL Schnittlauchröllchen

Für 4 Personen | 40 Min. Zubereitung
Pro Portion ca. 600 kcal, 20 g EW, 18 g F, 90 g KH

1 Die Kichererbsen gut abtropfen lassen. Frühlingszwiebeln putzen, waschen und fein schneiden. Beides im Mixer zu einer Paste pürieren, nach und nach das Ei, Semmelbrösel, Kreuzkümmel, Salz und Chilipulver dazugeben und untermixen.

2 Aus der Falafel-Masse mit angefeuchteten Händen 16 walnussgroße Bällchen formen und etwas flach drücken. Das Öl in einer Pfanne erhitzen, die Taler darin auf beiden Seiten bei mittlerer Hitze in 8–10 Min. goldbraun braten.

3 Inzwischen den Radicchio waschen, halbieren, vom Strunk befreien und in feine Streifen schneiden. Radieschen waschen, putzen und in feine Scheibchen schneiden. Pita-Brottaschen toasten, mit Salat, Radieschen und Falafel füllen. Joghurt verrühren und in die Taschen geben. Mit Schnittlauchröllchen bestreuen.

griechisch inspiriert

Fladenbrot mit Gyros

400 g Putenschnitzel
Salz | Pfeffer
1 Knoblauchzehe
4 EL Olivenöl
je 1 EL frisch gehackter Thymian und Oregano (ersatzweise je 1 TL getrocknete Kräuter)
1 TL rosenscharfes Paprikapulver
2 EL Sesamsamen
400 g griechischer Sahnejoghurt
8 Blätter Eichblattsalat
1 Fladenbrot (ca. 500 g)

Für 4 Personen | 35 Min. Zubereitung
Pro Portion ca. 835 kcal, 38 g EW, 21 g E, 90 g KH

1 Die Schnitzel trocken tupfen, mit Salz und Pfeffer würzen. Knoblauch schälen und fein würfeln. Mit dem Öl, Thymian, Oregano und Paprikapulver vermischen. Die Schnitzel damit bestreichen.

2 Backofen-Grill oder Backofen auf 250° (Umluft nicht geeignet) vorheizen. Alufolie auf den Rost legen, Schnitzel darauflegen und unterm Grill oder im Backofen (2. Schiene von oben) von jeder Seite 4–5 Min. braten, zwischendurch wenden. Fleisch kurz ruhen lassen, dann in Scheibchen schneiden.

3 Sesamsamen in einer Pfanne ohne Fett goldbraun rösten. Mit Joghurt, Salz und Pfeffer verrühren. Salat putzen, waschen und trocknen. Fladenbrot in 4 Stücke schneiden und diese waagrecht aufschneiden, sodass sie am hinteren Rand zusammenhalten. Brote innen mit Joghurt einstreichen, mit Salat und Gyros füllen. Übrigen Joghurt darauf verteilen. Brote leicht zusammendrücken.

oben: Pita mit Blitz-Falafel | unten: Fladenbrot mit Gyros

für den Sandwich-Toaster

Spinat-Toast mit Lammfilet

Doppelt hält besser: Zwei Toastscheiben werden mit einer Spinatfüllung und Käse zusammengeklappt und goldbraun geröstet. Eine handfest verpackte Überraschung!

200 g zarter Blattspinat (ersatzweise aufgetauter TK-Spinat)
1 kleine Zwiebel
1 Knoblauchzehe
2 EL Olivenöl
Salz | Pfeffer
1 TL getrockneter Thymian
200 g Lammfilet
2 EL Mascarpone
8 Vollkorn-Toastbrote
4 Scheiben Emmentaler Käse oder Bergkäse

Für 4 Personen | 40 Min. Zubereitung
Pro Portion ca. 420 kcal, 27 g EW, 24 g F, 26 g KH

1 Spinat waschen, abtropfen lassen, verlesen, von den harten Stielen befreien und grob hacken. Zwiebel und Knoblauch schälen, beides fein hacken. 1 EL Öl in einer Pfanne erhitzen, Zwiebel und Knoblauch darin glasig dünsten. Spinat dazugeben und kurz durchschwenken (Bild 1). Mit Salz, Pfeffer und Thymian würzen. Spinat in einem Sieb abtropfen lassen, dabei mit einem Löffel gut ausdrücken.

2 Lammfilets trocken tupfen und in dünne Scheiben schneiden, mit Salz und Pfeffer würzen. Das übrige Öl erhitzen, die Fleischscheiben darin 1–2 Min. auf beiden Seiten anbraten. Den Sandwich-Toaster vorheizen.

3 Mascarpone unter den Spinat rühren und 4 Toastbrote damit belegen. Käse entrinden und halbieren. Je ½ Scheibe auf die Toasts legen. Die Fleischscheiben darauf verteilen, dann wieder mit je ½ Scheibe Käse belegen. Mit den restlichen Toastscheiben bedecken und leicht andrücken (Bild 2). Im vorgeheizten Sandwich-Toaster in 5–6 Min. goldbraun rösten.

GUT ZU WISSEN

Wer keinen Sandwich-Toaster hat, muss auf das Rezept nicht verzichten. Stattdessen können Sie die gefüllten Toasts auch in einer Pfanne in 2–3 EL Öl auf beiden Seiten goldbraun rösten.

VARIANTE – AUBERGINEN-TOAST

1 mittelgroße Aubergine waschen, putzen und in knapp 1 cm dicke Scheiben schneiden. Salzen und 15 Min. ziehen lassen, dann trocken tupfen und in kleine Würfel schneiden. Stielansätze von 2 Tomaten entfernen. Tomaten kurz überbrühen, häuten, halbieren, entkernen und klein würfeln. 3 EL Olivenöl erhitzen, Auberginenwürfel darin in 5 Min. goldbraun braten. Tomatenwürfel hinzufügen. Mit Salz, Pfeffer und 1 TL getrocknetem Rosmarin würzen. Vom Herd nehmen. Den Sandwich-Toaster vorheizen. 100 g Ziegenfrischkäse unter das Gemüse mischen, eventuell noch mal nachwürzen. Auf 4 Scheiben Vollkorn-Toastbrot verteilen. Mit 4 Scheiben Toastbrot bedecken. Die belegten Toastbrote im Toaster in 4–5 Min. goldbraun rösten. Übrigens: Sie können statt Ziegenfrischkäse auch Frischkäse, Mascarpone oder Ricotta nehmen.

1

2

3

Knusprig geröstet

Ob als Vorspeise, zum Aperitif oder als feiner Snack zu einem Glas Wein – Crostini und Bruschetta isst jeder gerne. Fantasievoll belegt sind sie bei Gästen der Hit. Wie diese kleinen Knusperbrote zum Beispiel: Die sehen typisch italienisch aus, schmecken aber echt asiatisch. Wasabi gibt ihnen Schärfe, Ingwer den Garnelen pikante Würze.

Wasabi-Röstbrote mit Ingwer-Garnelen

100 g Doppelrahmfrischkäse
2 EL saure Sahne
1 TL Wasabi-Paste (Asienregal)
150 g geschälte, gegarte Garnelen (Kühlregal)
1 TL Limettensaft
2 TL Sesamöl
Salz | Pfeffer
½ Bund Koriandergrün
2 EL eingelegter Sushi-Ingwer (aus dem Glas)
8 Scheiben italienisches Fladenbrot oder Baguette

Für 4 Personen | 20 Min. Zubereitung
Pro Portion ca. 330 kcal, 14 g EW, 14 g F, 37 g KH

1 Den Frischkäse mit saurer Sahne und Wasabi-Paste cremig rühren. Garnelen abbrausen und trocken tupfen, mit Limettensaft und Sesamöl vermischen, salzen und pfeffern. Das Koriandergrün waschen, trocknen, die Blättchen bis auf einige Blätter zum Garnieren grob hacken und untermischen. Den Ingwer abtropfen lassen.

2 Die Brotscheiben in einer Grillpfanne oder unter dem vorgeheizten Backofen-Grill von beiden Seiten in 3–4 Min. goldbraun rösten. Herausnehmen.

3 Die Röstbrote mit dem Frischkäse bestreichen. Garnelen und Ingwer auf den Broten verteilen. Mit dem übrigen Koriandergrün garnieren.

ganz einfach | ideal als Vorspeise

Bruschetta mit Tomaten

Ein leichter italienischer Sommersnack: ganz frisch, ganz aromatisch und superschnell. Mit geröstetem Weißbrot, Knoblauch und Tomaten.

4–5 reife, aromatische Tomaten (ca. 400 g)
½ Bund Basilikum
4 EL Olivenöl
Salz | Pfeffer
4 große Scheiben italienisches Weißbrot
3 Knoblauchzehen

Für 4 Personen | 20 Min. Zubereitung
Pro Portion ca. 255 kcal, 5 g EW, 13 g F, 30 g KH

1 Tomaten waschen, von den Stielansätzen befreien, klein würfeln. Basilikumblätter abzupfen, abreiben und in feine Streifen schneiden. Tomaten, Basilikum und Öl mischen, salzen und pfeffern.

2 Backofen auf 250° (Umluft nicht geeignet) oder Backofen-Grill vorheizen. Brotscheiben auf den Rost legen, im Ofen oder unter dem Grill (Mitte) in 4–5 Min. knusprig werden lassen.

3 Knoblauch schälen und die heißen Brotscheiben damit einreiben. Die Tomatenmischung auf den Broten verteilen. Sofort servieren.

VARIANTE – TOMATENBROT MIT FETA

250 g kleine Tomaten vierteln, entkernen und klein würfeln. Mit 4 EL Olivenöl, 1 EL frisch gehacktem Oregano, Salz und Pfeffer mischen. 125 g Feta grob zerbröckeln und unterheben. Statt Weißbrot 4 Scheiben helles Bauernbrot im vorgeheizten Backofen bei 250° oder unter dem Backofen-Grill (Mitte) in 3–5 Min. knusprig rösten. Heiß mit je ½ Knoblauchzehe kräftig einreiben. Tomatenmischung sofort auf den Brotscheiben verteilen.

VARIANTE – PA AMB OLI (BROT MIT ÖL)

Für die mallorquinische Spezialität 4 dicke Scheiben Mischbrot oder kräftiges Weißbrot im vorgeheizten Backofen bei 250° oder unter dem Backofen-Grill (Mitte) in 4–5 Min. knusprig rösten. Mit je ½ Knoblauchzehe auf einer Seite einreiben. 2 große, sehr reife, aromatische Tomaten halbieren und die Brotscheiben mit dem Tomateninneren einreiben, bis alles Fruchtfleisch aus der Schale gedrückt ist. Mit Salz und Pfeffer würzen und mit 4 EL kalt gepresstem Olivenöl beträufeln. Nach Geschmack mit 1 EL frisch gehacktem Rosmarin oder Thymian würzen.

VARIANTE – TOMATENBROT AUF ASIATISCH

Für 4 Personen 300 g Kirschtomaten waschen und in Achtel schneiden. 1 rote Chilischote, 1 haselnussgroßes Stück frischen Ingwer und 1 Stange Zitronengras putzen bzw. schälen und sehr fein würfeln. ¼ Bund Koriandergrün waschen und trocknen, die Blättchen hacken. Die Tomaten mit Ingwer, Zitronengras, Chili, Koriandergrün, 2 EL Öl und 1 EL Limettensaft vermischen. Mit ½ TL Zucker, Salz und Pfeffer würzen. 4 große Scheiben Weißbrot auf den Rost legen, im vorgeheizten Backofen bei 250° (Umluft nicht geeignet) in 4–5 Min. knusprig rösten. Mit Knoblauch einreiben, mit Currypulver bestäuben. Die Tomatenmasse darauf verteilen.

würzig | ganz einfach

Bohnen-Bruschetta

200 g kleine weiße Bohnen (aus der Dose)
1 kleine rote Zwiebel
1 Stange Staudensellerie
2 EL Weißweinessig
Salz | Pfeffer
6 EL Olivenöl
1 geräuchertes Pfeffer-Makrelenfilet (ca. 150 g)
1 Bund Petersilie
1 Knoblauchzehe
4 große Scheiben Graubrot (z. B. italienisches)

Für 4 Personen | 30 Min. Zubereitung
Pro Portion ca. 420 kcal, 15 g EW, 25 g F, 31 g KH

1 Bohnen abtropfen lassen. Zwiebel schälen, halbieren, in feine Halbringe schneiden. Selleriestange waschen, putzen und in dünne Scheibchen schneiden. Essig, Salz, Pfeffer und 4 EL Öl verquirlen. Bohnen, Zwiebel und Sellerie darin wenden.

2 Makrelenfilet enthäuten, in grobe Stücke schneiden. Petersilie waschen, trocknen, die Blättchen bis auf ein paar Blätter zum Garnieren hacken. Makrelenstücke und Petersilie unter den Salat mischen.

3 Ofen auf 250° (Umluft nicht geeignet) oder den Backofen-Grill vorheizen. Knoblauch schälen, zerdrücken, mit übrigem Öl verrühren. Brote damit bepinseln, halbieren, im Ofen oder unter dem Grill (Mitte) 4–5 Min. backen. Makrelen-Bohnen-Salat darauf verteilen, mit übriger Petersilie garnieren.

FISCH-VARIANTE

Statt Räuchermakrele 1 Dose Thunfisch im eigenen Saft (150 g Inhalt) nehmen, abtropfen lassen, zerpflücken.

raffiniert | mediterran

Oliven-Bruschetta

80 g schwarze, entsteinte Oliven
1 kleine getrocknete Chilischote
1 EL Pinienkerne | 4 EL Olivenöl
1 TL Tomatenmark
Salz | Pfeffer
1 kleine Fenchelknolle (ca. 200 g)
1 kleine gelbe Paprikaschote
50 g Pancetta (s. Gut zu wissen)
4 große Scheiben Weißbrot

Für 4 Personen | 30 Min. Zubereitung
Pro Portion ca. 305 kcal, 9 g EW, 18 g F, 28 g KH

1 Oliven grob hacken, mit Chilischote, Pinienkernen und 2 EL Olivenöl fein pürieren. Mit Tomatenmark, wenig Salz und Pfeffer würzen.

2 Fenchel waschen, das Grün entfernen, beiseitelegen. Die Knolle vierteln, vom Strunk befreien, in Streifen schneiden. Paprikaschote waschen, vierteln, putzen, klein würfeln. Pancetta klein würfeln. Das übrige Öl in einer Pfanne erhitzen. Pancetta, Fenchel und Paprikawürfel bei starker Hitze unter Rühren 3–4 Min. braten. Salzen und pfeffern.

3 Ofen auf 250° (Umluft nicht geeignet) oder den Backofen-Grill vorheizen. Brote halbieren, auf dem Rost im Ofen oder unter dem Grill (Mitte) 4–5 Min. backen. Brote mit Olivenpaste bestreichen. Mit Fenchelmischung belegen, mit Fenchelgrün garnieren.

GUT ZU WISSEN

Pancetta ist ein milder, aromatischer Bauchspeck vom Schwein aus Italien. Er wird gesalzen und luftgetrocknet, manchmal leicht geräuchert. Ersatzweise kann man einen mild geräucherten Bauchspeck nehmen.

oben: Bohnen-Bruschetta | unten: Oliven-Bruschetta

raffiniert | ganz einfach

Rucola-Crostini

250 g Rucola | 4 Frühlingszwiebeln | 1 Knoblauchzehe | 4 EL Olivenöl | 2 EL gehackte Mandeln | Salz | Pfeffer | 12 Scheiben italienisches Weißbrot | 30 g gehobelter Parmesan

Für 4 Personen | 35 Min. Zubereitung
Pro Portion ca. 380 kcal, 10 g EW, 17 g F, 43 g KH

1 Rucola waschen, trocknen, verlesen, putzen und grob hacken. Frühlingszwiebeln waschen, putzen, mit etwas Grün klein schneiden. Knoblauch schälen und fein hacken. 2 EL Öl erhitzen, Mandeln darin goldbraun rösten. Zwiebeln und Knoblauch hinzufügen und glasig dünsten. Den Rucola zugeben und 1 Min. wenden, bis er zusammengefallen ist. Salzen und pfeffern.

2 Ofen auf 250° (Umluft 230°) oder Backofen-Grill vorheizen. Brote auf dem Rost im Ofen oder unter dem Grill (2. Schiene von unten) in 4–5 Min. rösten. Mit dem übrigen Öl beträufeln. Mit der Rucolamischung belegen und mit dem Parmesan bestreuen.

appetitlich | gesund

Bunte Paprika-Crostini

Je 1 rote, gelbe und grüne Paprikaschote | 1 Knoblauchzehe | 2 EL Olivenöl | 1 EL Tomatenmark | 1 EL Aceto balsamico | 1/8 l Gemüsefond (aus dem Glas) | 1 TL frisch gehackter Thymian | Salz | Pfeffer | 12 dünne Scheiben Baguette

Für 4 Personen | 25 Min. Zubereitung
Pro Portion ca. 280 kcal, 7 g EW, 7 g F, 46 g KH

1 Paprikaschoten waschen, putzen und in kleine Würfel schneiden. Knoblauch schälen und hacken.

2 Öl erhitzen, Paprikawürfel darin 3 Min. andünsten. Knoblauch zugeben, kurz mitdünsten. Tomatenmark einrühren, mit Essig und Fond ablöschen. Thymian zufügen. Alles offen unter gelegentlichem Rühren 5 Min. schmoren lassen. Salzen, pfeffern.

3 Ofen auf 250° (Umluft 230°) oder Backofen-Grill vorheizen. Brote auf dem Rost im Ofen oder unter dem Grill (2. Schiene von unten) in 4–5 Min. knusprig werden lassen, mit Paprikamischung belegen.

herzhaft | fein im Herbst

Crostini mit Pilzen

250 g Steinpilze oder braune Champignons | 1 Schalotte | 1 Knoblauchzehe | ½ Bund Petersilie | 2 EL Olivenöl | 2 EL Marsala | Salz | Pfeffer | 8 dünne Scheiben Walnussbrot | 30 g Butter

Für 4 Personen | 35 Min. Zubereitung
Pro Portion ca. 260 kcal, 6 g EW, 13 g F, 29 g KH

1 Pilze putzen, in Scheibchen schneiden. Schalotte und Knoblauch schälen, beides klein würfeln. Petersilie waschen, trocknen und fein hacken.

2 Öl erhitzen. Schalotte und Knoblauch andünsten. Pilze zugeben, mit Marsala ablöschen. Salzen und pfeffern. Bis auf etwa 2 EL Flüssigkeit einkochen lassen, ab und zu umrühren. Hälfte der Pilze pürieren, übrige Pilze und Petersilie untermischen.

3 Ofen auf 250° oder Backofen-Grill vorheizen. Brote auf dem Rost im Ofen oder unter dem Grill (2. Schiene von unten) 4–5 Min. rösten. Mit Butter und Pilzmasse bestreichen. Mit Petersilie garnieren.

echt italienisch | gelingt leicht

Spargel-Crostini

300 g grüner Spargel | Salz | 1 große Fleischtomate | Pfeffer | 3 TL Olivenöl | 125 g Mozzarella | 8 Scheiben Lachsschinken (ca. 80 g) | 8 Scheiben Ciabattabrot oder Baguette | 8 Basilikumblätter

Für 4 Personen | 25 Min. Zubereitung
Pro Portion ca. 320 kcal, 15 g EW, 15 g F, 30 g KH

1 Spargel waschen, putzen und das untere Drittel schälen. In kochendem Salzwasser 8 Min. kochen. Herausnehmen, kalt abschrecken und abtropfen lassen. Tomate kurz überbrühen, häuten, entkernen, klein würfeln. Mit Salz, Pfeffer und Öl mischen. Mozzarella in Scheiben schneiden. Spargel halbieren, je 2 Stücke mit 1 Scheibe Schinken umwickeln.

2 Ofen auf 250° (Umluft 230°) oder Backofen-Grill vorheizen. Brote auf dem Rost im Ofen oder unter dem Grill (2. Schiene von unten) 4–5 Min. rösten. Tomate daraufgeben. Mit Spargel und Mozzarella belegen. Im Ofen (2. Schiene von unten) 3–4 Min. überbacken. Mit je 1 Blatt Basilikum garnieren.

raffiniert | einfach gut

Crostini mit Kaninchencreme

Ohne die kleinen gerösteten Weißbrotscheiben wären Antipasti alla Toskana undenkbar. Sie sind auch beliebt als Snack zum Wein oder als Auftakt zu einem Menü.

200 g Kaninchenfilet (ersatzweise Hähnchenbrustfilet)
8 Zweige Thymian | Salz | Pfeffer
½ TL abgeriebene Schale von 1 Bio-Zitrone
8 EL Olivenöl
2 EL trockener Marsala oder Portwein
150 ml Geflügelfond (aus dem Glas)
200 g italienisches Weißbrot (ersatzweise Baguette)
2 EL Tomatenpesto (Fertigprodukt)
1 Handvoll Rucola

Für 4 Personen | 45 Min. Zubereitung
Pro Portion ca. 460 kcal, 16 g EW, 29 g F, 30 g KH

1 Das Fleisch trocken tupfen. Thymian waschen und trocknen, die Blättchen hacken. Fleisch mit Salz, Pfeffer, Thymian und Zitronenschale einreiben. 2 EL Öl erhitzen, die Filets darin bei mittlerer Hitze von beiden Seiten in 5 Min. anbraten. Mit Marsala oder Portwein und Fond ablöschen, zugedeckt bei schwacher Hitze 15 Min. köcheln lassen.

2 Das Fleisch abtropfen lassen, in grobe Stücke schneiden. Mit 6 EL Kochsud und 2 EL Öl im Mixer pürieren. Mit Salz und Pfeffer würzen.

3 Ofen auf 250° (Umluft 220°) oder Backofen-Grill vorheizen. Brot in 16 Scheiben schneiden, auf ein Blech legen, mit übrigem Öl beträufeln. Im Backofen oder unter dem Grill (2. Schiene von unten) 3–5 Min. rösten.

4 Brote mit der Creme bestreichen. Je ½ TL Tomatenpesto darauf verteilen. Mit Rucola garnieren.

VARIANTE – CROSTINI MIT HÜHNERLEBERCREME

200 g Hühnerlebern würfeln. Mit 3 zerdrückten Wacholderbeeren, 1 TL Oregano, 1 EL Aceto balsamico und ⅛ l Rotwein 4 Std. marinieren. 1 kleine Zwiebel, 1 kleine Stange Staudensellerie und 1 Möhre waschen, putzen und sehr fein hacken. 2 EL Olivenöl und 1 EL Butter erhitzen, Gemüse darin 1–2 Min. andünsten. Hühnerlebern aus der Marinade nehmen, abtrocknen, zum Gemüse geben, kurz anbraten. Marinade durch ein Sieb zugießen, 10 Min. einkochen lassen. Mit Salz, Pfeffer und 1 EL Zitronensaft würzen. Lebern pürieren. ½ Bund Petersilie waschen, trocknen, hacken und untermischen. Creme auf geröstetes Weißbrot streichen.

VARIANTE – CROSTINI MIT FILET UND MOZZARELLA

200 g Blattspinat waschen und putzen oder aufgetauten TK-Spinat nehmen. 8 Scheiben Rinderfilet (je ca. 100 g) trocken tupfen, halbieren, leicht salzen und pfeffern. Je 1 Filetstück in 1 Scheibe Bacon einwickeln. 2 EL Olivenöl erhitzen, Fleisch darin von jeder Seite 2 Min. braten. Herausnehmen, warm stellen. Spinat im heißen Bratfett 1–2 Min. dünsten, mit Salz, Pfeffer und Muskat würzen, abtropfen lassen. Ofen auf 250° (Umluft 220°) vorheizen. 8 Scheiben Baguette mit einer Mischung aus 50 g Gorgonzola und 50 g Frischkäse bestreichen. Erst Spinat, dann 1 Filet darauflegen. 250 g Mozzarella in dünne Scheiben schneiden, daraufgeben. Crostini auf ein Backblech legen und im Ofen (Mitte) 5 Min. überbacken. Mit 1 EL gerösteten Pinienkernen bestreuen, pfeffern.

fein | gut vorzubereiten

Crostini mit Lachscreme

Räucherlachs mit Kapern und Basilikum macht Brotscheiben zu einer Delikatesse.

150 g geräucherter Lachs
1 Bund Basilikum
2 EL Butter
2 TL Zitronensaft
Salz | Pfeffer
2 TL kleine Kapern
12 Scheiben italienisches Weißbrot

Für 4 Personen | 20 Min. Zubereitung
Pro Portion ca. 320 kcal, 16 g EW, 12 g F, 32 g KH

1 Lachs sehr fein schneiden. Basilikumblätter abreiben, 12 kleine Blätter zum Garnieren beiseitelegen. Übriges Basilikum fein hacken, mit Lachs und Butter verkneten. Mit Zitronensaft, wenig Salz und mit Pfeffer würzen. Kapern untermischen.

2 Ofen auf 250° (Umluft 230°) oder Backofen-Grill vorheizen. Brote auf dem Rost im Ofen oder unter dem Grill (2. Schiene von unten) 4–5 Min. rösten. Mit Lachscreme bestreichen, mit Pfeffer bestreuen und mit dem übrigen Basilikum garnieren.

VARIANTE – GRATINIERTE LACHS-CROSTINI

100 g Butterkäsescheiben in kleine Stücke schneiden und auf die mit Lachscreme bestrichenen Brotscheiben legen. Auf einem Blech im vorgeheizten Ofen bei 250° oder unter dem Grill (Mitte) 3–4 Min. backen.

PIKANTE VARIANTE

Statt Räucherlachs 8 in Öl eingelegte Sardellenfilets sehr fein schneiden oder mit einer Gabel zerdrücken.

leicht | für Gäste

Pangasius-Crostini

Der Newcomer-Fisch aus Asien begeistert uns mit Petersilienpaste und Tomaten.

1 Bund Petersilie
1 Knoblauchzehe
4 EL Olivenöl
Salz | Pfeffer
200 g Pangasiusfilet
1 EL Zitronensaft
6 kleine Strauchtomaten
16 Scheiben Baguette

Für 4–6 Personen | 30 Min. Zubereitung
Pro Portion ca. 420 kcal, 16 g EW, 14 g F, 56 g KH

1 Die Petersilie waschen und trocknen, die Blättchen fein hacken. Knoblauch schälen und fein würfeln. Petersilie und Knoblauch mit dem Öl, Salz und Pfeffer vermischen.

2 Das Fischfilet in ca. 2 cm breite Streifen schneiden. Mit Zitronensaft beträufeln, salzen und pfeffern. Tomaten waschen und in Scheiben schneiden.

3 Ofen auf 250° (Umluft 230°) oder Backofen-Grill vorheizen. Die Brote auf dem Rost (2. Schiene von unten) 2–3 Min. rösten. Herausnehmen, mit etwas Petersilienpaste bestreichen. Erst mit Tomaten, dann mit Fischstücken belegen. Im Ofen oder unter dem Grill (2. Schiene von oben) 2–3 Min. rösten. Mit der übrigen Paste bestreichen, sofort servieren.

FISCH-VARIANTE

Sehr edel: Das weiße, feste Pangasiusfilet durch Seezunge ersetzen.

oben: Crostini mit Lachscreme | unten: Pangasius-Crostini

Goldbraun überbacken

Lust auf ein krosses Brot mit zarter Käse-Kruste? Was immer Sie wünschen, auf den nächsten Seiten finden Sie Überbackenes mit Fleisch, vielerlei Gemüse, Früchten und Kräutern, dazu Käse drüber oder drunter – tolle Mahlzeiten im Nu zubereitet. Hier ein Beleg: auf Bauernbrot verbinden sich frische Shiitakepilze, Paprika und Raclette aufs Feinste.

Gratinierte Shiitakebrote

2 getrocknete in Öl eingelegte Tomaten
½ Knoblauchzehe
1 EL weiche Butter
2 große Scheiben Bauernbrot
150 g Shiitakepilze
2 Schalotten
2 EL Olivenöl
Salz | Pfeffer
2 eingelegte, ganze rote Paprikaschoten
(ca. 125 g; aus dem Glas, ohne Haut)
2 Scheiben Raclettekäse (je ca. 50 g)
¼ Bund Schnittlauch

Für 2 Personen | 35 Min. Zubereitung
Pro Portion ca. 460 kcal, 17 g EW, 29 g F, 32 g KH

1 Die Tomaten abtropfen lassen und fein würfeln. Den Knoblauch schälen und zerdrücken. Beides mit der Butter verkneten. Die Brote damit bestreichen und halbieren. Die Pilze abreiben, die Stiele entfernen, die Hüte in feine Scheibchen schneiden. Die Schalotten schälen und fein würfeln.

2 Den Backofen auf 200° (Umluft 180°) vorheizen. Das Öl in einer großen Pfanne stark erhitzen, die Schalotten darin 1–2 Min. braten. Die Shiitakepilze dazugeben und bei mittlerer Hitze weitere 2–3 Min. mitbraten. Mit Salz und Pfeffer würzen.

3 Die Paprikaschoten gut abtropfen lassen, in breite Streifen schneiden und auf die Brote legen. Die Pilzmischung darauf verteilen. Die Käsescheiben halbieren und darauflegen. Im Backofen (2. Schiene von oben) 10 Min. überbacken. Schnittlauch waschen und trocknen, in feine Röllchen schneiden und darüberstreuen.

geht schnell

Toast Hawaii

1 kleine Ananas (ca. 1 kg)
8 Scheiben gekochter Schinken (ca. 200 g)
8 Scheiben Toastbrot
2 EL Butter
8 TL geriebener Meerrettich (aus dem Glas)
8 dickere quadratische Scheiben Emmentaler Käse oder Scheibletten
Cayennepfeffer zum Bestäuben

Für 4 Personen | 30 Min. Zubereitung
Pro Portion ca. 550 kcal, 31 g EW, 27 g F, 44 g KH

1 Die Ananas putzen, schälen und in ca. 8 cm dicke Scheiben schneiden. Mit einem Ausstecher oder kleinen Messer das harte Mittelstück entfernen. Die Schinkenscheiben in Quadrate schneiden, sodass sie die Toastscheiben bedecken.

2 Den Backofen auf 200° (Umluft 180°) vorheizen. Die Brotscheiben im Toaster goldbraun rösten und mit der Butter bestreichen. Auf jede Toastscheibe 1 Scheibe gekochten Schinken und darauf 1 Ananasscheibe legen. Je 1 TL Meerrettich in die Mitte geben, je 1 Scheibe Emmentaler Käse oder Scheibletten darauflegen.

3 Die Toasts auf ein Backblech legen und im Backofen (Mitte) 10 Min. überbacken, bis der Käse geschmolzen ist. Mit Cayennepfeffer bestäuben.

AUSTAUSCH-TIPP

Wer es eilig hat, nimmt 8 gut abgetropfte Ananasringe aus der Dose. Experimentieren Sie ruhig ein wenig und füllen Sie wahlweise Tomatenketchup, Tomatenmark, Mango-Chutney oder Wildpreiselbeeren in die Mitte der Ananasscheiben.

herzhaft | raffiniert

Birnen-Roquefort-Toast

2 EL Crème fraîche
1 TL mittelscharfer Senf
8 Scheiben Toastbrot
150 g Roquefort
2 Birnen (z. B. Williams Christ; ca. 300 g)
1 Stange Staudensellerie
8 Streifen Bacon (Frühstücksspeck)
schwarzer Pfeffer aus der Mühle

Für 4 Personen | 30 Min. Zubereitung
Pro Portion ca. 680 kcal, 30 g EW, 47 g F, 34 g KH

1 Den Backofen auf 250° (Umluft 220°) vorheizen. Die Crème fraîche mit dem Senf verrühren und die Toastscheiben damit bestreichen. Zwei Drittel von dem Roquefort klein schneiden und die Toastscheiben damit belegen.

2 Birnen schälen, halbieren, vom Kerngehäuse befreien, in Scheiben schneiden und auf die Toasts legen. Staudensellerie waschen, putzen und in dünne Scheibchen schneiden. Eventuell etwas Selleriegrün hacken und beiseitestellen. Übrigen Roquefort zerbröckeln und mit Sellerie auf den Birnenspalten verteilen.

3 Die Toasts auf ein Backblech legen. Den Bacon halbieren und quer auf die Toasts legen. Im Backofen (2. Schiene von unten) 10 Min. überbacken. Mit Pfeffer übermahlen. Nach Belieben mit Selleriegrün garnieren.

AUSTAUSCH-TIPP

Wer es lieber sanfter mag, nimmt statt Roquefort Gorgonzola oder einen anderen milden Edelpilzkäse.

oben: Toast Hawaii | unten: Birnen-Roquefort-Toast

berühmter Klassiker | schnell gemacht

Croque-Monsieur

Die französische Spielart des Sandwiches verdankt ihren Namen dem leisen »Krachen«, wenn der knusprige Käse-Schinken-Imbiss in den Mund geschoben wird.

8 Scheiben Toastbrot
50 g Butter
2 Scheiben gekochter Schinken (je ca. 50 g)
8 Scheiben Gruyère Käse oder Emmentaler Käse in dünnen Scheiben (ca. 150 g)
100 g geriebener Gruyère Käse
2 Tomaten
4 Stängel Petersilie

Für 4 Personen | 25 Min. Zubereitung
Pro Portion ca. 510 kcal, 27 g EW, 34 g F, 24 g KH

1 Den Backofen auf 200° (Umluft nicht geeignet) vorheizen. Die Toastscheiben goldbraun toasten und mit der Hälfte der Butter bestreichen. Die Schinkenscheiben halbieren. Auf die Toastbrote jeweils 1 Scheibe Käse, ½ Scheibe Schinken und 1 weitere Scheibe Käse legen. Mit je 1 Toastscheibe bedecken. Den geriebenen Käse darüberstreuen. Die übrige Butter in Flöckchen obendrauf setzen. Die Toasts auf ein Backblech legen und im Backofen (Mitte) 10 Min. überbacken, bis der Käse goldbraun ist.

2 Die Tomaten waschen und in Spalten schneiden. Petersilie waschen und trocknen, die Blättchen hacken. Toasts diagonal halbieren, mit Tomatenspalten und Petersilie garnieren. Sofort servieren.

VARIANTE – CROQUE-MADAME

Auf die Croque-Monsieurs kommt nach dem Überbacken noch je 1 Spiegelei.

VARIANTE – CROQUE-MONSIEUR MIT EIERMILCH

Den Backofen auf 200° (Umluft 180°) vorheizen. 4 Eier mit 4 EL Milch kräftig aufschlagen und mit Salz, Pfeffer und Muskat würzen. Die Toastbrote wie in Schritt 1 beschrieben mit Schinken und Käse belegen, in der Eiermilch vorsichtig mehrmals wenden, damit sie sich mit Eiermilch vollsaugen können. Eine feuerfeste Form einfetten. Die Toasts hineinlegen und im Backofen (Mitte) in 20 Min. goldbraun backen. Nach 10 Min., wenn die Oberfläche gebräunt ist, die Brote wenden. 100 g geriebenen Gruyère Käse darüberstreuen und weitere 10 Min. überbacken.

VARIANTE – CROQUE MIT SCHWEINEFILET

Den Backofen auf 220° (Umluft 200°) vorheizen. 400 g Schweinefilet (Mittelstück) in 8 Scheiben schneiden, salzen und pfeffern. 2 EL Öl in einer Pfanne erhitzen, das Fleisch darin bei mittlerer Hitze von jeder Seite 2 Min. braten, herausnehmen. 4 Schalotten schälen und in Ringe schneiden, mit 2 TL Butter in die Pfanne geben und goldbraun braten. Das Fleisch aus der Pfanne nehmen. 1 kleine Gurke (ca. 150 g) und 1 Tomate waschen und jeweils in Scheiben schneiden. 4 Baguettebrötchen aufschneiden. 4 EL Crème fraîche mit 4 TL Dijon-Senf verrühren, die Baguettehälften damit bestreichen. Die unteren Hälften mit Fleisch, Gurken- und Tomatenscheiben und Schalotten belegen. Mit 100 g grob geriebenem Gouda Käse und 2 EL gehacktem Dill bestreuen. Mit den oberen Brötchenhälften bedecken. Die Croques im Backofen (Mitte) 5–7 Min. überbacken.

preiswert | fein im Herbst

Heiße Lauchbrötchen

500 g Lauch
80 g geräucherter Speck
1 kleiner Apfel (z. B. Elstar)
1 EL Öl
6 EL Gemüsebrühe
Salz | Pfeffer
edelsüßes Paprikapulver
½ TL getrockneter Majoran
2 EL Crème fraîche
4 große Roggenbrötchen
100 g Fontina Käse (ersatzweise junger Gouda Käse)
½ Bund Petersilie

Für 4 Personen | 45 Min. Zubereitung
Pro Portion ca. 435 kcal, 14 g EW. 28 g F, 30 g KH

1 Den Lauch putzen, längs aufschneiden, gründlich waschen und in ca. ½ cm dicke Ringe schneiden. Den Speck in kleine Würfel schneiden. Den Apfel waschen, ungeschält vierteln, entkernen und in kleine Stücke schneiden.

2 Öl erhitzen, Speck darin knusprig braten. Lauch zugeben und 1–2 Min. andünsten. Brühe dazugießen und zugedeckt 5 Min. dünsten. Apfelstücke untermischen. Mit Salz, Pfeffer, Paprikapulver und Majoran würzen. Crème fraîche unterrühren.

3 Backofen auf 220° (Umluft nicht geeignet) vorheizen. Brötchen aufschneiden, die Lauchmischung auf den Hälften verteilen. Käse grob reiben und obendrauf streuen. Im Backofen (Mitte) 5–6 Min. überbacken. Petersilie waschen und trocknen, die Blättchen hacken und darüberstreuen.

mit mediterranem Duft

Pizza-Baguette

1 Zwiebel
1 Knoblauchzehe
2 EL Olivenöl
1 Dose Pizzatomaten »Oregano« (400 g Inhalt)
Salz | Pfeffer
400 g Zucchini
1 rote Paprikaschote
150 g Ringsalami
2 Baguettes (je 250 g)
100 g geriebener Emmentaler Käse
8 schwarze, entsteinte Oliven

Für 4–6 Personen | 50 Min. Zubereitung
Pro Portion ca. 450 kcal, 18 g EW, 19 g F, 51 g KH

1 Zwiebel und Knoblauch schälen, beides fein würfeln. 1 EL Öl erhitzen, Zwiebel und Knoblauch darin glasig dünsten. Tomaten dazugeben, aufkochen lassen und bei schwacher Hitze in 15 Min. dicklich einkochen lassen. Salzen und pfeffern.

2 Die Zucchini putzen, waschen, längs halbieren und in Scheiben schneiden. Salzen und 10 Min. ziehen lassen. Paprikaschote halbieren, putzen, waschen und in dünne Streifen schneiden. Salami in dünne Scheiben schneiden. Zucchini mit Küchenpapier ausdrücken, mit Paprikastreifen mischen.

3 Ofen auf 220° (Umluft nicht geeignet) vorheizen. Baguettes längs aufschneiden, auf ein Blech setzen. Tomatenmasse daraufstreichen. Mit Salami belegen, Gemüse darauf verteilen, mit übrigem Öl beträufeln. Mit Käse bestreuen. Im Ofen (2. Schiene von unten) 12–15 Min. überbacken. Oliven in Scheiben schneiden und die Baguettes damit garnieren.

oben: Heiße Lauchbrötchen | unten: Pizza-Baguette

gut vorzubereiten | für Gäste

Puten-Tomaten-Croque

2 Ciabattabrote (je 250–300 g; oder 4 -brötchen)
40 g Kräuterbutter (Kühlregal)
15 Kirschtomaten (ca. 250 g)
150 g geräucherter Putenbrust-Aufschnitt
½ Bund Petersilie
1 EL Kapern
Salz | Pfeffer
3 EL Olivenöl
150 g Halloumi-Käse (Spezialitätenregal; ersatzweise Feta oder Ziegenfrischkäse)

Für 4 Personen | 35 Min. Zubereitung
Pro Portion ca. 375 kcal, 26 g EW, 25 g F, 61 g KH

1 Die Ciabattas quer durchschneiden. Die Hälften mit der Kräuterbutter bestreichen. Mit den Schnittflächen nach oben auf ein Backblech legen.

2 Backofen auf 200° (Umluft nicht geeignet) vorheizen. Tomaten waschen und vierteln. Putenbrust-Aufschnitt in dünne Streifen schneiden. Petersilie waschen und trocknen, die Blättchen hacken. Kapern abtropfen lassen. Mit Putenbrust, Tomaten und Petersilie mischen, mit Salz und Pfeffer würzen. Die Mischung auf den unteren Ciabattahälften verteilen. Mit dem Öl beträufeln.

3 Käse in dünne Scheiben schneiden und auf die Gemüsemischung legen. Im Ofen (2. Schiene von oben) 10 Min. backen. Obere Hälften darauf setzen.

GUT ZU WISSEN
Halloumi-Käse ist eine herzhafte Käsespezialität aus Zypern, die sich zum Backen, Grillen und Braten eignet. Sie wird aus Kuh-, Schaf- und Ziegenmilch hergestellt.

französisch inspiriert

Brokkoli-Schinken-Brot

500 g Brokkoli
Salz | 2 Schalotten
1 Knoblauchzehe
2 EL Butter
Pfeffer
frisch geriebene Muskatnuss
150 g gekochter Schinken (am Stück)
8 Scheiben Kastenweißbrot
200 g Sauce hollandaise (Tetrapack)
100 g grob geriebener Comté-Käse (ersatzweise Gruyère Käse)

Für 4 Personen | 35 Min. Zubereitung
Pro Portion ca. 665 kcal, 29 g EW, 38 g F, 35 g KH

1 Den Brokkoli waschen, putzen und in kleine Röschen teilen. Die Stiele schälen und klein schneiden. Reichlich Salzwasser aufkochen lassen, Brokkoli darin 3 Min. blanchieren, herausnehmen, kalt abschrecken und gut abtropfen lassen.

2 Schalotten und Knoblauch schälen, fein würfeln. Butter zerlassen, Schalotten und Knoblauch darin glasig dünsten. Brokkoli zugeben und 3–4 Min. mitdünsten. Mit Salz, Pfeffer und Muskat würzen.

3 Ofen auf 220° (Umluft nicht geeignet) vorheizen. Schinken klein würfeln und unter den Brokkoli mischen. Auf den Brotscheiben verteilen. Je 1–2 EL Sauce hollandaise daraufgeben. Mit Käse bestreuen. Im Backofen (Mitte) 5–7 Min. überbacken.

VARIANTE
Auch sehr fein: Brokkoli durch Romanesco oder grüne Spargelstücke ersetzen.

oben: Puten-Tomaten-Croque | unten: Brokkoli-Schinken-Brot

raffiniert | vegetarisch

Gefüllte Brötchen mit Gemüse

Die Brötchen haben es in sich: eine reizvolle Mischung aus Gemüse, das noch Biss hat, dazu gibt es Würze durch Knoblauch und Thymian und als Topping Kräuterfrischkäse.

4 große Dinkel- oder Vollkornbrötchen
150 g kleine Champignons
1 Möhre
2 Frühlingszwiebeln
1 kleine Dose Mais (140 g Abtropfgewicht)
1 Knoblauchzehe
40 g Sonnenblumenkerne
4 EL Olivenöl
Salz | Pfeffer
2 TL Thymianblätter (oder 1 TL getrockneter Thymian)
150 g Kräuterfrischkäse
Schnittlauchröllchen (nach Belieben)

Für 4 Personen | 45 Min. Zubereitung
Pro Portion ca. 460 kcal, 16 g EW, 22 g F, 49 g KH

1 Brötchen aufschneiden, die Krume herauslösen und hacken. Champignons putzen, Möhre putzen und schälen, beides in dünne Scheiben schneiden. Frühlingszwiebeln waschen und putzen, nur das Weiße und Hellgrüne in feine Ringe schneiden (das Grün anderweitig verwenden). Mais abtropfen lassen. Knoblauch schälen und zerdrücken. Die Sonnenblumenkerne in einer Pfanne ohne Fett rösten, herausnehmen und abkühlen lassen.

2 Den Backofen auf 220° (Umluft 200°) vorheizen. 2 EL Öl in einer Pfanne erhitzen, Krume und Knoblauch hinzufügen, 1–2 Min. anbraten und herausnehmen. Übriges Öl erhitzen. Möhre, Champignons und Frühlingszwiebeln darin unter Rühren 2–3 Min. braten. Mit Salz, Pfeffer und Thymian würzen. Mais und Sonnenblumenkerne unterheben.

3 Die Brötchenhälften auf ein Backblech legen. Die Gemüsemischung in die Hälften füllen. Jeweils 1 Klecks Kräuterfrischkäse obendrauf geben. Im Backofen (2. Schiene von unten) 10–12 Min. überbacken. Die Brötchen nach Belieben mit Schnittlauchröllchen bestreuen.

UND DAZU?

Einige Spritzer Tabasco oder etwas scharfer Ajvar (Paprikapaste) peppen das Brötchen pikant auf.

VARIANTE – ZWIEBELSTANGE MIT SAUERKRAUT

Für 4 Personen 4 Zwiebelstangen aufschneiden, die Krume herauslösen und hacken. Den Backofen bei 220° (Umluft 200°) vorheizen. 400 g Sauerkraut abtropfen lassen. 1 Zwiebel schälen. Mit 80 g durchwachsenem Speck fein würfeln. 1 EL Öl in einer Pfanne erhitzen, darin erst Speck und Zwiebel glasig braten, dann die Krume dazugeben und 2–3 Min. mitbraten. Sauerkraut und 2 EL Schmand hinzufügen, alles gut mischen. Mit Salz, Pfeffer und 1 TL Kümmel würzen. Die Mischung in die Zwiebelstangen füllen. 200 g Limburger Käse in Scheiben schneiden, auf die Brote legen. Im Backofen (2. Schiene von unten) 10 Min. überbacken. Dazu schmeckt ein Paprikaquark: 250 g Magerquark mit 5 EL Sahne und 2 EL Zitronensaft verrühren, salzen und pfeffern. 1 rote Spitzpaprika halbieren, putzen, waschen, fein würfeln und unterheben.

Zum Gebrauch
Damit Sie Rezepte mit bestimmten Zutaten noch schneller finden können, stehen in diesem Register zusätzlich auch beliebte Zutaten wie **Eier** oder **Schinken** – ebenfalls alphabetisch geordnet und **hervorgehoben** – über den entsprechenden Rezepten.

Unsere Garantie

Alle Informationen in diesem Ratgeber sind sorgfältig und gewissenhaft geprüft. Sollte dennoch einmal ein Fehler enthalten sein, schicken Sie uns das Buch mit dem entsprechenden Hinweis an unseren Leserservice zurück. Wir tauschen Ihnen den GU-Ratgeber gegen einen anderen zum gleichen oder ähnlichen Thema um.

Liebe Leserin und lieber Leser,

wir freuen uns, dass Sie sich für ein GU-Buch entschieden haben. Mit Ihrem Kauf setzen Sie auf die Qualität, Kompetenz und Aktualität unserer Ratgeber. Dafür sagen wir Danke! Wir wollen als führender Ratgeberverlag noch besser werden. Daher ist uns Ihre Meinung wichtig. Bitte senden Sie uns Ihre Anregungen, Ihre Kritik oder Ihr Lob zu unseren Büchern. Haben Sie Fragen oder benötigen Sie weiteren Rat zum Thema? Wir freuen uns auf Ihre Nachricht!

Wir sind für Sie da!

Montag – Donnerstag: 8.00 – 18.00 Uhr;
Freitag: 8.00 – 16.00 Uhr
Tel.: 0180-5 00 50 54*
Fax: 0180-5 01 20 54*
*(0,14 €/Min. aus dem dt. Festnetz)
E-Mail:
leserservice@graefe-und-unzer.de

P.S.: Wollen Sie noch mehr Aktuelles von GU wissen, dann abonnieren Sie doch unseren kostenlosen GU-Online-Newsletter und/oder unsere kostenlosen Kundenmagazine.

GRÄFE UND UNZER VERLAG
Leserservice
Postfach 86 03 13
81630 München

Programmleitung: Doris Birk
Leitende Redakteurin: Birgit Rademacker
Redaktion: Tanja Dusy
Lektorat: Maryna Zimdars
Layout, Typografie und Umschlaggestaltung: independent Medien-Design, München
Satz: Liebl Satz+Grafik, Emmering
Herstellung: Petra Roth
Reproduktion: Penta Repro, München
Druck: Firmengruppe APPL, aprinta druck, Wemding
Bindung: Firmengruppe APPL, sellier druck, Freising

ISBN 978-3-8338-0680-3

1. Auflage 2007

GRÄFE UND UNZER

Ein Unternehmen der
GANSKE VERLAGSGRUPPE

100 JAHRE GANSKE VERLAGSGRUPPE

Die Autorin

Martina Kittler ist Diplom-Oecotrophologin und hat ihre Leidenschaft fürs Kochen zum Beruf gemacht. Als Food-Journalistin und -autorin versteht sie es, Genuss und gesunde Ernährung in leckere familien- und alltagstaugliche Rezepte umzusetzen. Bei krossen Broten und saftig belegten Sandwiches beißen vor allem ihre Kids gerne an.

Der Fotograf

Jörn Rynio zählt zu seinen Auftraggebern internationale Zeitschriften, namhafte Buchverlage und Werbeagenturen. Mit einer großen Portion Kreativität und appetitanregendem Styling setzt der Hamburger Fotograf Food-Spezialitäten aus aller Welt stimmungsvoll in Szene. Tatkräftig unterstützt wird er dabei von seinen Stylistinnen Petra Speckmann (Food) und Michaela Suchy (Requisite).

Titelbildrezept:

Crostini mit Filet und Mozzarella (Variante), Seite 44.

Die Temperaturangaben bei Gasherden variieren von Hersteller zu Hersteller. Welche Stufe Ihres Herdes der jeweils angegebenen Temperatur entspricht, entnehmen Sie bitte der Gebrauchsanweisung. Bei Elektroherden können die Backzeiten je nach Herd variieren.

Kochlust pur

Die neuen KüchenRatgeber – da steckt mehr drin

ISBN 978-3-8338-0303-1
64 Seiten

ISBN 978-3-8338-0657-5
64 Seiten

ISBN 978-3-8338-0299-7
64 Seiten

Preis je Band: 7,50 €

ISBN 978-3-8338-0652-0
64 Seiten

ISBN 978-3-8338-0305-5
64 Seiten

ISBN 978-3-8338-0653-7
64 Seiten

Das macht sie so besonders:

Neue mmmh-Rezepte – unsere beste Auswahl für Sie

Praktische Klappen – alle Infos auf einen Blick

Die 10 GU-Erfolgstipps – so gelingt es garantiert

G|U

Willkommen im Leben.

Kanapees – Fingerfood vom Feinsten

Ob zum Aperitif oder beim Stehempfang – die edlen, belegten Häppchen sind bei jedem Event willkommen.

Menge Rechnen Sie zum Sektempfang pro Person 8 Kanapees, zum Aperitif als kleines «Amuse-Gueule« etwa die Hälfte, also 3–4 Häppchen.

Brothappen Als Unterlage aus Scheiben von Mischbrot, Weißbrot oder Vollkornbrot mit einem runden Ausstecher Taler von 3–4 cm Durchmesser ausstechen. Eckige Brote wie Pumpernickel in Dreiecke oder Vierecke schneiden. Wenn es schnell gehen soll: Pumpernickel- oder Vollkornbrot-Taler aus dem Brotregal oder Cracker verwenden.

Belag oder Aufstrich Die Brottaler z. B. mit Bündner Fleisch, Schinken, Räucherlachs, Käse oder Gemüse belegen. Dazu die Zutaten auf die Größe der Brottaler zusammenfalten, ausstechen oder zurechtschneiden. Oder eine Creme aufspritzen. Dafür kommen Quark- oder Frischkäse-Mischungen in Frage, vegetarische Pasten, z. B. Avocadocreme, auch Fleisch- oder Geflügelpasteten. Cremiges mit einer Spritztüte in Rosetten aufspritzen – das macht viel her.

Deko-Tipps Schneiden Sie Gemüse wie Radieschen, Möhren, Paprikaschoten oder Kirschtomaten für die Garnitur in kleine Scheiben, Spalten, Stifte oder Streifen. Oder verfeinern Sie die Kanapees mit gerösteten Sesamsamen, Pinien- oder Pistazienkernen. Auch Kräuter, gehackt oder in Sträußchen, geben den Mini-Happen den letzten Schliff.

Kanapees mit Kaviar (12 Stück): 100 g Frischkäse mit 1 EL Crème fraîche verrühren. Den Frischkäse auf Pumpernickel-Taler spritzen. Mit 50 g Keta-Kaviar und Dill garnieren.

Kanapees mit Parmaschinken (12 Stück): 12 Brottaler dünn mit Butter bestreichen. 6 Scheiben Parmaschinken längs halbieren, jeweils auf die Größe eines Brottalers zusammenfalten und darauflegen. 12 Physalis ohne Blatthülle dazwischenstecken.

Kanapees mit Roter Bete (12 Stück): 200 g ausgepressten Magerquark mit 1 EL Rote-Bete-Saft und 3 TL Meerrettich aus dem Glas verrühren. Die Mischung auf Vollkorn-Brottaler spritzen. 50 g Rote Bete aus dem Glas in Streifen schneiden und in den Quark drücken.